Lifestyle by BUSSE SEEWALD

neue winter freuden

Dieses Winterbuch gehört: ______________________

____

____

Meine Notizen beginnen am: ______________________

____

Winterkälte

WINTERKALTE
Erinnerungen

Ach ja, das war in jenem Winter, als wir zwei Wochen lang eislaufen konnten - als die Hintertür wegen des Schnees nicht aufging - als wir mit den Nachbarn einen Wettbewerb im Schneemann bauen abhielten...

Datum: Ereignis:

Datum: Ereignis:

Datum: Ereignis:

Datum: Ereignis:

Eislicht

Etwas Wasser, ein paar Kerzen, einen Gefrierschrank oder anhaltenden Frost und etwas Geduld. Mehr brauchen Sie nicht für dieses stimmungsvolle Eislicht.

Die Form ist von der Größe ihres Gefrierschranks abhängig. In eine Gefriertruhe passt vielleicht ein Eimer, aber bei einem Gefrierfach verwenden Sie Margarinetöpfchen oder Puddingbecher.

ARBEITSANLEITUNG KLEINE FORM

Einen leeren Plastikbecher (z. B. für Quark oder Margarine) zu zwei Dritteln mit Wasser füllen und einfrieren lassen. Den Becher aus dem Gefrierschrank nehmen, ein Teelicht auf das Eis stellen und den Becher ganz mit Wasser füllen. Das Teelicht treibt dann auf dem Wasser. Das Ganze für eine Stunde zurück in den Gefrierschrank stellen. Das Wasser ist nun einigermaßen gefroren, aber es ist noch möglich, das Teelicht in die Mitte zu schieben. Dann das Ganze vollständig einfrieren lassen. Stellen Sie auf diese Weise mehrere Becher her und bewahren Sie diese in einer Plastiktüte im Gefrierschrank auf.

ARBEITSANLEITUNG GROSSE FORM

Einen Eimer oder ein anderes großes Gefäß zu zwei Dritteln mit Wasser füllen und in der Gefriertruhe oder - bei strengem Frost - draußen ganz einfrieren lassen. Den Eimer aus der Gefriertruhe nehmen und einen runden Plastikbecher in die Mitte des Eimers stellen. In den Becher etwas Schweres legen, um ihn an seinem Platz zu halten. Den Eimer bis zum Rand des Bechers mit Wasser füllen und wieder in die Gefriertruhe stellen. Nach zwei Stunden nachschauen, ob der Becher noch immer in der Mitte steht. Ist das nicht der Fall, dann kann er jetzt noch verschoben werden. Das Ganze vollständig einfrieren lassen. Anschließend den Becher wieder aus dem Eis entfernen. Dazu mehrmals etwas warmes Wasser hinein- und dann wieder abgießen. Es macht zwar etwas Arbeit, aber so wird das Eis am wenigsten beschädigt. Dann den Eiseimer mit einer dicken brennenden Kerze in der Öffnung nach draußen stellen.

Winterspaziergang

mit Kindern

Nichts ist herrlicher als eine flotte Wanderung durch Winterlandschaft, eingemummelt in dicke Jacken. Rote Bäckchen bekommen und Atemwölkchen pusten. Und danach eine große Tasse warmer Kakao!

Leider ist es heutzutage nicht ganz einfach, Kinder zu einem Spaziergang zu locken. Fernseher und Computer scheinen da meistens viel spannender zu sein. Also muss das Interesse geweckt werden, und dabei hilft uns der altbewährte Jäger- und Sammlerinstinkt.

Die Aussicht, auf unberührten Schneeflächen Tierspuren zu entdecken und zu bestimmen oder vielleicht Tiere bei der Fütterung beobachten zu können, ist eine gute Möglichkeit. Kaninchenspuren finden Sie garantiert! Und sollte es an den Futterplätzen nicht klappen, weichen Sie eben auf den Lebensraum der Kleintiere aus. Wie überwintern Larven, Würmer oder Käfer? Ein Blick unter die Laubschicht gibt Auskunft. Auch Vögel lassen sich um diese Jahreszeit besonders gut beobachten. Vergessen Sie das kleine Fernglas nicht!

Ein Winterspaziergang eignet sich auch gut, um Kindern die Winterruhe der Pflanzen zu erklären. Zum Beispiel die Laubschicht als Kälteschutz für Pflanzen und Kleintiere, oder teilen Sie mit einem scharfen Messer eine Knospe von Kastanie oder Flieder. Hier kann man mit bloßem Auge schon die neuen Blüten erkennen. Die Überleitung zum Frühling liegt da nicht fern, pflücken Sie ein paar Zweige für die Vase. Dann können die Kinder später beobachten, wie die Knospen aufbrechen. Die Natur hat viel Spannendes zu bieten.

Und dann endlich: der leckere, warme Kakao!

Kühle Schönheit
im winterlichen Garten

Die Christrose ist sehr beliebt. Das ist nicht verwunderlich, wenn man bedenkt, dass sie blüht, während der Rest des Gartens sich noch im Winterschlaf befindet. Manchmal treibt sie bereits im November die ersten Blüten und blüht dann weiter bis zum Frühlingsanfang. Die schönen, langstieligen, tief eingeschnittenen Blätter bilden zusammen mit den Blüten eine anmutige Kombination. Dies gilt für alle Formen dieser Familie, aber ganz besonders für die Helleborus orientalis, die Sorte, die am häufigsten verkauft wird.

Die Christrose ist eine einfache, ausdauernde Pflanze, die in einem kalkhaltigen, lockeren Boden fast immer gut gedeiht. Wenn sie sich wohl fühlt, samt sie sich im Überfluss aus. Die Pflanze fühlt sich unter Bäumen und Sträuchern zu Hause, aber sie gedeiht auch an sonnigen Plätzen. Eine ordentliche Ladung nährstoffreicher Kompost von Zeit zu Zeit wird auch sehr geschätzt.

In großen Gruppen ist der Winterblüher prächtig, aber er ist auch schön als einzelner Blickfang im winterlichen Garten. Selbst über einer Lage Schnee bleiben die Blumen stolz und aufrecht stehen. Frost kann sie allerdings etwas durcheinander bringen. Die Zweige hängen dann schlaff herunter, bis der Frost vorbei ist. Aber die Christrose erholt sich schnell wieder und blüht weiter.

Leider eignen sich die meisten Christrosen nicht zum Pflücken. Der kühle Garten ist ihr natürlicher Lebensraum, und wenn sie einmal in Haus sind, verlieren sie schnell ihre Vitalität. Pflanzen Sie darum die Christrose an einen Platz im Garten, an dem Sie sie vom Haus aus bewundern können. Wollen Sie sie dennoch ins Haus holen, füllen Sie eine Schale mit Wasser und legen Sie die Blumen hinein. Das hat den Vorteil, dass Sie auch die Innenseite der Blüten sehen können.

VERKAUFSADRESSEN:

- **Staudengärtnerei Alpine Raritäten**
  Jürgen Peters
  Auf dem Flidd 20, 25436 Uetersen
  Tel.: +49 (0) 41 22 / 33 12, Fax: +49 (0) 41 22 / 48 639
  info@alpine-peters.de, www.alpine-peters.de
- **Fa. Beringmeier**
  Inh. Jörg Pohlmann
  Landauer Str. 9, 34454 Bad Arolsen
  Tel.: +49 (0) 56 91 / 62 67 83, Fax: +49 (0) 56 91 / 44 71
  info@bepa-direkt.de, www.bepa-direkt.de

Das „Strandfest"

Am Strand zwischen Renesse und Burgh-Haamstede auf Schouwen-Duivenland werden jedes Frühjahr nach einem Winter im Stall die Pferdebeine in der Brandung sauber gewaschen. Dies ist ein alter Volksbrauch aus der niederländischen Provinz Zeeland, der jahrhundertelang in Ehren gehalten wurde.

Das „Straôfeest" (Strandfest), dass nur auf der Insel Schouwen in Zeeland vorkommt, war von alters her das Fest für die Bauern, ihre Söhne und die Knechte. Es wurde kurz vor oder nach der Fastnacht gefeiert. Sie ritten auf ihren Arbeitspferden an den Strand, wo sie den Pferden nach der langen Winterperiode im Stall die Beine sauber waschen konnten. Die Frauen schnitten als Vorbereitung Blumen und Schleifen aus farbigem Kreppapier, die Männer flochten Netze, die sie den Pferden am Morgen des Festes umhängten. Darin wurde der Papierschmuck zusammen mit Zweigen von Koniferen und anderem Grün aus dem Garten befestigt.

Nach der Hochwasserkatastrophe von 1953 und der fortschreitenden Industrialisierung, wegen der die Arbeitspferde den Traktoren weichen mussten, war es unsicher, ob die Tradition des Strandreitens (Straôrieën) erhalten bleiben würde. Doch es gab auf Schouwen immer ein paar Leute, die standhaft das Fest feierten, und darum ist es inzwischen wieder da. Zum Glück, denn das Geklapper der Hufe auf der Straße ist ein herrliches Geräusch. Alle Reitschulpferde im weiten Umkreis werden bereits lange vorher an Begeisterte vermietet, die extra für dieses Fest anreisen. Dabei riskieren sie, dass ihnen drei Tage lang das Hinterteil wehtut, denn für einen ungeübten Reiter sind fünf Stunden zu Pferd eine ziemliche Strapaze.

STRAÔFEEST

Für weitere Informationen über Strandfeste in Burgh-Haamsteede, Renesse, Ellemeet, Scharendijke, Noordwelle en Serooskerke: Fremdenverkehrsamt (VVV) Schouwen-Duiveland, Büro Haamsteede. Telefon: 0031-111-651513

Für Vögel
mit Appetit

Unentbehrlich für Vögel in einem kalten Winter: ein Meisenknödel oder ein Erdnussbeutel im Garten. Sie können sie fix und fertig kaufen, aber Sie können auch selbst mit wenig Mühe noch schönere herstellen.

Herzen zum Naschen

- **Rindertalg oder Pflanzenfett**
- **1 Packung gemischtes Vogelfutter**
- **Backförmchen (zum Ausstechen)**
- **Bindfaden**

Das Fett auf Zimmertemperatur bringen und mit dem Vogelfutter verkneten. Die Förmchen mit dem Fett füllen. Etwas Fett schmelzen und am Rand der Form entlang gießen. Im Kühlschrank fest werden lassen, ein Loch in das Herz stechen und eine Schnur durchziehen.

Kette

Fädeln Sie mit einer Nadel und fester Schnur Sonnenblumenkerne und rote Beeren zu einer farbigen Kette auf und befestigen Sie diese am Vogelhäuschen.

Muschelmahlzeit

- **Leere Muschelschalen**
- **Vogelfutter und / oder Erdnüsse**
- **Pflanzenfett**
- **Bindfaden**

Die leeren Muschelschalen waschen und in einen tiefen Teller legen. Eine Packung Pflanzenfett schmelzen lassen und reichlich Vogelfutter und / oder Erdnüsse darunter rühren. Mit einem Löffel erst eine Hälfte jeder Muschelschale füllen, und wenn diese fest geworden ist, die andere Hälfte. Eine Schnur um die gefüllten Muschelschalen binden und so eine Kette machen.

Gläserne Welt

Manche Arten von Niederschlag formen prächtige Naturbilder. Eisregen zum Beispiel. Gefährlich im Verkehr, aber bezaubernd anzusehen. Oder Reif, eine prächtige natürliche Windfahne. Eine Eisblume, ein Verräter schmutziger Fenster, aber wunderschön.

Reif entsteht, wenn Wasserdampf kondensiert und sich auf Gegenständen absetzt, deren Temperatur bereits unter Null liegt. Reif kann „wachsen", wodurch mehrere Zentimeter dicke Schichten entstehen können. Nebeltröpfchen, die durch kalte Luft schweben, kreieren „Raureif". Die Tröpfchen gefrieren, sobald sie an einen gefrorenen Gegenstand stoßen. Raureif entsteht an Tagen mit dichtem Nebel und rauem Wind. Er ist eine gute Windfahne, da er sich nur dort absetzt, wo der Wind herkommt.

Winterblüher

Als Doppelglasfenster und Zentralheizung noch kein Gemeingut waren, sah man sie im Winter überall auf den Fensterscheiben: Eisblumen. Heute kann man sie nur noch an sehr kalten Tagen in alten Häusern bewundern. Eisblumen entstehen aus einer dünnen Schicht Wasser auf einer kalten Fensterscheibe. Die warme Luft im Zimmer enthält Wasserdampf, der zu kleinen Tropfen kondensiert. Weil die kühle Luft beim Fenster schwerer ist als die im Zimmer, sinkt sie ab. Unten an der Fensterbank beginnt das Fenster zu beschlagen. Wenn ein kalter Eiswind aufkommt, sinkt die Temperatur der Scheibe auf unter Null und das Kondenswasser gefriert. So werden Tausende winzige Tröpfchen in Eiskristalle verwandelt. Die Kristalle folgen einem festen Muster - sie erinnern etwas an Farne - und verschwinden, wenn das Eis dicker wird. Dann entstehen allerlei kleine Flächen.

Aber auf Fensterscheiben bildet sich nicht nur Eis. Auf trockenem Glas, das nicht beschlagen ist, kann Fensterreif entstehen. Wenn die Luft im Zimmer um den Gefrierpunkt liegt, kann der Wasserdampf direkt als Eiskristall niederschlagen. Dieser Reif setzt sich erst auf Unebenheiten, die für das Auge unsichtbar sind, ab. Schmutzige Fenster ergeben die schönsten Reifformen - also nicht zu oft putzen!

Ein Zuhause *für Vögel*

Vögel finden im Winter immer eine Ecke, um Schutz zu suchen. Unter dem Rand des Daches, in einer dichten Hecke, einem hohlen Baum oder einem Stapel Brennholz. Aber eine exklusive eigene Unterkunft werden sie ohne Zweifel dankbar annehmen. Und vielleicht gefällt es ihnen so gut, dass sie dort im Frühling ein Nest bauen. Im Gartencenter können Sie fertige Nistkästen kaufen, aber aus Holzresten und anderem Material basteln Sie einfach selbst so einen Nistkasten, wie dieses romantische Häuschen für den Zaunkönig.

Arbeitsanleitung

MATERIAL:

- **Stück Sperrholz, 12 mm dick**
- **Apfelsinenkisten (beim Obsthändler oder im Supermarkt erhältlich)**
- **Zweige**
- **Stück (Birken-)Rinde**
- **2 Schrauben und Flügelmuttern**
- **(Stich-)Säge**
- **Tacker**
- **Holzleim**
- **Stanleymesser**
- **Eisendraht für die Aufhängeschlaufe**

Balustrade und Boden

Zwei runde Scheiben mit einem Durchmesser von 10 cm für Boden und Decke aus dem Sperrholz sägen. Eine dritte Scheibe mit einem Durchmesser von 15 cm aussägen, dies wird die Balustrade. In eine der kleinen Scheiben ein Loch bohren und dann mit der Stichsäge ein kleines Viereck aussägen. Dies wird die Öffnung im Boden des Häuschens, die zum Saubermachen des Nistkastens nötig ist. Die Bodenscheibe mit versenkten Schrauben und Flügelmuttern wie auf der Zeichnung an der Balustrade befestigen. Durch Lockern der Schrauben kann das Häuschen angehoben und altes Nestmaterial entfernt werden.

Wände

Für das Häuschen minimal 12 Latten von der Apfelsinenkiste brechen, diese einander überlappend mit dem Tacker am Boden und der Decke festnageln. In die letzte Latte vor dem Befestigen mit dem Stanleymesser ein rundes Loch schneiden. Der Durchmesser des Lochs muss 28 mm betragen, dies ist die richtige Öffnung für den Zaunkönig.

Dach

Latten von der Apfelsinenkiste in zwei Teile brechen, am Ende anspitzen und mit dem Tacker aneinander befestigen, so dass sie einander überlappen. Von unten beginnen und zum Schluss die Spitzen mit einer Schnur zusammenbinden. Das Dach mit Holzleim und Nieten am Haus befestigen. Das Dach mit Holzleim bestreichen und kleine Zweige darauf kleben. Die Zweige fest andrücken, damit sie gut halten. Für das Geländer ebenfalls kleine Stöckchen mit Holzleim befestigen.

Abrundung

Zum Schluss den Rand der untersten Sperrholzscheibe mit Birkenrinde bekleben und eine eiserne Aufhängeschlinge an das Häuschen leimen und nieten. Der Nistkasten kann nun aufgehängt werden. Eine würdige Unterkunft für einen hochgeehrten Besucher: den Zaunkönig.

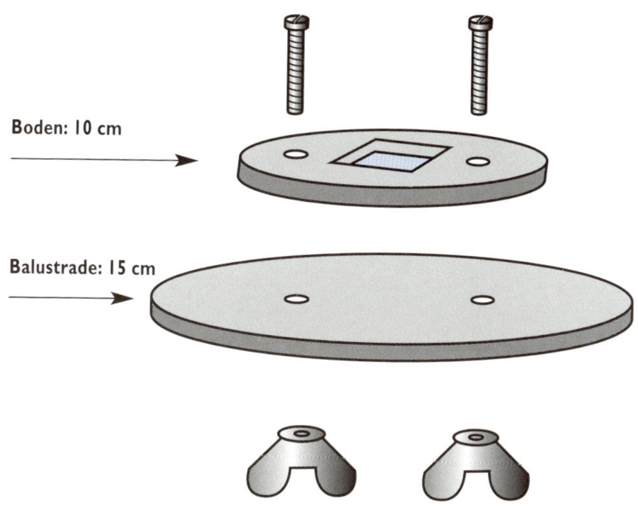

Schlittschuhlaufen

Eine der schönsten Freizeitaktivitäten im Winter mit der Familie, mit Freunden oder auch allein ist das Schlittschuhlaufen.

Früher war man darauf angewiesen, dass Bäche und Seen zufroren. Heute gibt es fast überall eine künstliche Eisbahn.

Aber es geht auch anders: „Schöfeln“ ist der plattdeutsche Ausdruck für eine traditionelle Volksbelustigung der Ostfriesen. Eislaufen auf zugefrorenen Kanälen. Hier ist man also nach wie vor von den Wetterverhältnissen abhängig. Besonders viel Eindruck macht es, wenn die Eisläufer in langen Ketten hintereinander, sich an den Hüften des Vordermannes festhaltend, und im gleichen Takt mit den Beinen weit ausholend über das Eis gleiten.
Für das Gebiet zwischen Aurich und Emden gibt es ein paar schöne Tourenvorschläge für Schöfeltörns. Mit dem Suchbegriff „Schöfeln“ finden Sie übrigens im Internet einige interessante Adressen, Routen, Termine usw.

Viel Spaß!

ZUWANDERER AUS AUSTRALIEN
Die meisten schwarzen Schwäne oder Trauerschwäne, die man hier antrifft, sind Nachkommen von aus Australien stammenden Vorfahren. Und ihr australisches Blut setzt sich durch, denn schwarze Schwäne bauen bei uns im Winter, also wenn es im Land ihrer Herkunft Sommer ist, ein Nest und legen Eier.

Wintergäste

Das flache Polderland ist im Winter das Lieblingsreiseziel der Gänse. Die Temperatur ist dort, verglichen mit ihrem Brutgebiet um den Polarkreis angenehm, Seen und Flüsse sind sichere Schlafplätze und in den Naturgebieten und auf dem Land gibt es genug zu essen. Deshalb lassen sich ab Ende Oktober, Anfang November Schwärme von Bläss-, Kurzschnabel-, Ringel- und Graugänsen in den nassen Teilen des Landes nieder. Beliebt sind die Küstengebiete, sowie Landstriche am Niederrhein und das holländische Ijsselmeergebiet. Die Ringelgänse bleiben ziemlich lange in den Niederlanden, bis ungefähr Mitte Mai. Ab Anfang April beginnen sie, sich Fettreserven für die große Reise zurück zu ihren Brutgebieten in Nordsibirien anzufressen.

Gänse beobachten

Arktische Gänse am Niederrhein. Sie werden jedes Jahr sehnsüchtig erwartet, schließlich sind sie eine ganz besondere touristische Attraktion in Kranenburg.
Die Nabu-Naturschutzstation organisiert geführte Exkursionen zu den Wildgänsen in ihren Rastgebieten, damit die scheuen Tiere nicht von neugierigen Besuchern oder von freilaufenden Hunden gestört werden.
Telefonische oder schriftliche Anmeldung ist erforderlich.
Tel.: +49 (0) 28 26 / 9 20 94
Fax: +49 (0) 28 26 / 9 20 98
www.nabu-naturschutzstation.de

WINTER

Notizen

MATERIAL:

- Blütenkelche der Lampionblume (Physalis)
- Hobbymesser
- Lichterkette mit kleinen Birnchen

ANLEITUNG:

Die Stiele der Kapstachelbeeren entfernen und mit dem Hobbymesser eine kleine Öffnung neben den Stielansatz schneiden. Die Blütenkelche über die Birnchen schieben, bis jedes Birnchen mit einem Lampion versehen ist. Die Lichterkette in einen Strauch hängen, in einem Drahtkorb arrangieren oder als stimmungsvolle Beleuchtung bei Tisch verwenden. Diese Lämpchen erzeugen keine Wärme, Brandgefahr ist also ausgeschlossen. Wenn Sie der Sache trotzdem nicht trauen, können Sie die Lampions mit feuerverzögerndem Spray besprühen.

Winterwärme

Winterwarme Erinnerungen

Nach einem Winterspaziergang mit glühenden Wangen und kribbelnden Händen an einem Holzfeuer warm werden. Dann eine Tasse heiße Schokolade. Oder einen heißen, dampfenden Glühwein mit dem herrlich würzigen Geruch von Nelken. Schon deshalb hat sich der Spaziergang durch die Eiseskälte gelohnt.

Haben Sie ein Foto von einer schönen Wintererinnerung?

Kleben Sie es hier ein.

Datum:

LIGHT MY FIRE

KISTCHEN MIT STROHANZÜNDERN

Ein großes Büschel Stroh bündeln und in regelmäßigen Abständen eine Schnur darum binden. Das Bündel mit einem scharfen Wellenschliffmesser in Stücke schneiden. Aus braunem Packpapier Wickel herstellen und diese mit Filzstift beschriften. Um ein Holzkistchen Band, Schnur oder Bast wickeln und es so in Fächer unterteilen. In jedes Fach ein Strohbündel legen.

KRÄUTERBÜNDEL

Im Herbst geerntete getrocknete Kräuter wie Thymian, Lavendel oder Rosmarin geben dem Feuer einen angenehmen Duft. Zweige mit Schnur bündeln, in Stücke schneiden und ein Etikett mit dem Kräuternamen daran befestigen.

„FEUERZWEIGE" UND ROSENKIEFERNZAPFEN

Material für die Feuerzweige:

• kurze Zweige • (durchgefärbte) Kerzen • Stückchen Docht (Hobbygeschäft) • Marmeladenglas • Topf

Kurze Zweige sammeln und gut trockenen lassen. Ein paar Kerzen in Stücke brechen und in das Marmeladenglas geben. Für ein möglichst farbiges Ergebnis verwendet man am besten Kerzen, die auch innen gefärbt sind. Für einen duftenden Feuerzweig Duftkerzen verwenden.

Das Marmeladenglas in einen mit warmem Wasser gefüllten Topf stellen und die Kerzen im Wasserbad schmelzen lassen, dabei aufpassen, dass kein Wasser in das Wachs gerät. Den Topf vom Feuer nehmen und die Zweige mit den Enden in das Wachs tauchen. Das Wachs fest werden lassen und das Ganze so oft wiederholen, bis genügend Wachs an den Zweigen haftet. Die Feuerzweige richtig hart werden lassen und dann noch einmal in das Wachs tauchen. Danach sofort ein Stück Docht um das Wachs wickeln, so dass es an der letzten, noch warmen Wachsschicht haften bleibt.

Material für die Rosenkiefernzapfen:

• getrocknete Rosen • Kiefernzapfen in verschiedenen Größen • Kerzen (am besten durchgefärbt) • Dochte von Teelichten • Cocktailstäbchen • etwas Knetwachs (zum Befestigen von Kerzen im Kerzenhalter) • Marmeladenglas • Topf • Gartenschere

Die Kerzen in Stücke brechen, in das Marmeladenglas geben und im Wasserbad schmelzen lassen. Dabei aufpassen, dass kein Wasser in das Wachs gerät. Die Rosen ein paar Mal in das Wachs tauchen und gut fest werden lassen. Mit einem Cocktailstäbchen ein kleines Loch in das Herz der Rose stechen. Von den Teelichten die Dochte entfernen und diese in das Loch stecken (ohne das Metallplättchen). Die Teelichte für Bastelarbeiten mit Wachs aufheben. (In Hobbygeschäften sind auch Tütchen mit Teelicht-Dochten erhältlich.) Mit der Gartenschere die Spitzen der Kiefernzapfen entfernen. Unter die Wachsrosen ein Stück Knetwachs kleben und die Rosen oben auf dem gekürzten Kiefernzapfen befestigen. Als Extra können Sie mit der Pinzette einzelne Rosenblätter in das Wachs tauchen und zwischen den Schuppen der Kiefernzapfen befestigen.

Wintergetränke

Glühwein

Zutaten:

2 Flaschen trockener Rotwein, zum Beispiel Beaujolais oder chilenischer Wein
1/2 l Wasser
1 Orange
1 Zitrone
ca. 10 Gewürznelken
1 Zimtstange
2 Scheiben frischer Ingwer
100 bis 150 g feiner Zucker

Zubereitung:

Den Wein und das Wasser in einen Edelstahltopf gießen. Die Orange und die Zitrone unter warmem fließendem Wasser gut abbürsten, in beide ein paar Gewürznelken stecken und sie zusammen mit der Zimtstange und dem Ingwer in den Wein geben. Diesen fast bis zum Siedepunkt erwärmen und dann auf ganz kleiner Flamme oder auf einem Stövchen einige Stunden ziehen lassen. Der Wein darf auf gar keinen Fall kochen, da dann der Alkohol verdampft. Die Orange, die Zitrone und die Gewürze entfernen, Zucker nach Geschmack dazu geben und rühren, bis dieser aufgelöst ist. Den Wein in vorgewärmte Gläser gießen.

Heiße Schokolade

Zutaten für 2 Becher:

15 g Kakaopulver (= 2 Löffel)
40 g Zucker (oder 30 g und 1 Päckchen Vanillezucker)
400 ml Milch

Zubereitung:

Das Kakaopulver und den Zucker vermischen, einen Schuss Milch dazu geben und alles zu einer geschmeidigen Masse verrühren. Den Rest der Milch fast zum Kochen bringen und dabei mit dem Schneebesen schlagen, so dass sie schaumig wird. Die Milch unter kräftigem Schlagen mit dem Schneebesen zur Kakaomischung gießen. Eventuell mit einem Häubchen aus aufgeschäumter Milch garnieren und etwas Kakaopulver darüber stäuben.

GEFUNDENES WINTERKLEID

Weiße Möwenfedern am Strand, Daunenfedern aus einem verlassenen Nest oder schön gezeichnete Raubvogelfedern im Wald sind unwiderstehliche Funde während eines Winterspaziergangs.

Federn schützen die Vögel vor Kälte, Wind und Regen. Sie bilden die Silhouette des Vogels, die an die Umstände angepasst werden kann. Glatt und stromlinienförmig, um gut fliegen zu können, kugelrund und aufgeplustert, wenn der Vogel sich bedroht fühlt oder wenn es kalt ist.
Federn wachsen im Federfollikel, einem Beutel in der Haut des Vogels. Das ganze Jahr hindurch werden darin neue Federn gebildet, die alten werden während der Mauser abgeworfen, und eine neue Feder tritt an ihre Stelle. Aber auch in der Zwischenzeit sorgt der Federfollikel für neue Federn, wenn die alten während eines Kampfes oder durch andere Umstände verloren gegangen sind. Für Vögel ist es lebenswichtig, ihr Federkleid in einem guten Zustand zu halten. Sie putzen und fetten es mit ihrem Schnabel, um es wasserabstoßend zu machen, oder nehmen ein Staubbad, um Schmutz und Parasiten zu entfernen.

ZU SCHÖN ZUM LIEGENLASSEN

Immer schon haben Menschen Federn gesammelt. Schön gezeichnete oder gefärbte Exemplare zum Verzieren von Kleidung oder Gebrauchsgegenständen, kräftige Federkiele zum Schreiben, feine Daunen zum Füllen von Kleidung und Bettzeug, Schwanzfedern des Pfaus, die als Prachtstrauß auf das Buffet gestellt wurden.

Die blauen Federn des Eichelhähers, ein echter Glückstreffer, eignen sich prächtig zum Einrahmen. Ob der Vogel, von dem sie stammen, älter oder jünger als ein Jahr ist, können Sie an der Anzahl der schwarzen Streifen erkennen: weniger als acht weisen darauf hin, dass er jünger als ein Jahr ist.

Minikürbisse

Die fröhlichen Kugeln der Zaunrübe sind wie geschaffen für Weihnachtsschmuck: Die kleinen Kürbisse sind erst grün und werden dann langsam hellrot.

Die Zaunrübe zählt zur Familie der Kürbisgewächse, zu der auch die Gurke, Melone und Kalebasse gehören. Die Engländer nennen sie Lollypop Climber, ein charmanter Name für diese Ranke voll kleiner Kugeln, die an große Stachelbeeren erinnern. Die Pflanze stammt aus den tropischen Gegenden in Asien und Mittelamerika und ist im Fachhandel erhältlich. Sie kann von Ende September bis ungefähr Ende Dezember geliefert werden. Früh in der Saison sind die Früchte grün, nach einigen Wochen verfärben sie sich zu einem festlichen Rot. Billig ist sie nicht, der Preis wird pro „Traube" an einer Ranke festgesetzt. Eine ganze Ranke ist also eine größere Anschaffung, aber Sie haben mehrere Wochen, wenn nicht Monate, Ihre Freude daran. Die abgeschnittene Ranke braucht nicht ins Wasser gestellt zu werden. Sorgen Sie dafür, dass die Trauben einander so wenig wie möglich berühren und an einem trockenen Platz stehen, damit sie nicht verfaulen.

Beerensträußchen

Großes Foto: Ein Arrangement aus Beeren und Früchten, zusammengestellt in einer mit Styropor gefüllten Vase aus italienischem Glas. Verwendet werden kurze Ranken der Zaunrübe, Solanumzweige, Hagebutten, wilde Äpfel (Malus) und die lang haltbaren grünen Beeren des Chinesischen Flieders. Die stacheligen grünen Früchte sind Stachel- oder Igelgurken, die mit den weichen „Herzen" sind Seidenpflanzen (Asclepia „Moby Dick").

Obstschale

Foto oben: Auf zwei handgefertigten Bleischalen liegen frische rosa Chilenische Pfefferbeeren, Mangistanfrüchte, Limonen, Stachelgurken, rosa Erdbeermais und Zaunrübenranken.

Licht in der Dunkelheit

Selbst gemacht ist immer schöner als gekauft. Mit etwas Eisendraht, Gips und Kerzenstummeln können Sie sehr einfach die schönsten Dekorationen herstellen.

Lichterbündel

Material : kleine Gläser für Teelichte • feinmaschiges dünnes Drahtgitter • Eisendraht • Gips • Kneifzange • starke (alte) Schere • Heftzange

Aus Zeitungen eine Schablone des Glases herstellen, indem man das Glas über die Zeitung rollt und dabei mit Bleistift den unteren und den oberen Rand nachzeichnet. So entsteht ein leicht gekrümmtes Band aus Zeitungspapier. Diese Form mit 1,5 cm Zugabe (zum Umbiegen) am oberen Rand aus dem Drahtgitter ausschneiden. Die Enden mit Nieten zusammensetzen. Aus dem Eisendraht einen Ring mit demselben Durchmesser wie der obere Rand des Glases herstellen. Die Zugabe des Drahtgitters um diesen Ring herum nach innen biegen, so dass ein fester Rand entsteht. Drei gleichlange Stücke Eisendraht in gleichmäßigen Abständen am Rand des Drahtgitters befestigen. Die oberen Enden zusammen drehen. Aus Gips und Wasser eine dicke, aber noch flüssige Masse herstellen, das Drahtgitterförmchen hinein tauchen und zum Trocknen aufhängen. Auf diese Weise genug Förmchen für ein ganzes Bündel herstellen. Die Gläser in die Förmchen stellen. Eventuell mit einer dicken Nadel ein Muster in den Gips stechen, durch das das Kerzenlicht scheint. Die Drähte aller Förmchen zusammen drehen, so dass ein Bündel entsteht.

Kerzen aus Wachsresten

Material : Kerzenreste • Dochte (im Hobbygeschäft erhältlich) • Konservendose • Topf • scharfes Messer • Aluminiumfolie

Die Kerzenstummel in die Konservendose geben und im Wasserbad schmelzen lassen. Die alten Dochte mit der Messerspitze heraus fischen. Aus einem Streifen Aluminiumfolie eine längliche Schale (zum Beispiel ungefähr 45 cm lang und 15 cm breit) mit aufgerollten Rändern herstellen. Diese auf eine leicht zu reinigende Glasplatte legen, da immer etwas Wachs ausläuft. Das geschmolzene Wachs bis zu einer Höhe von ungefähr 5 mm in die Aluminiumschale gießen. Abkühlen lassen, bis es einigermaßen fest ist, aber noch aufgerollt werden kann. Die Ränder der Aluminiumfolie zurückrollen, an eine Seite der Wachsplatte einen Docht für die Kerze legen und die Platte langsam aufrollen. Wenn die ganze Kerze aufgerollt ist, die Unter- und Oberseite mit einem scharfen Messer gerade abschneiden, dabei an einer Seite ein Stück Docht von ungefähr 1,5 cm stehen lassen. Stellen Sie die Kerzen beim Anzünden immer in eine Schale, so dass das geschmolzene Wachs aufgefangen wird und Sie wieder eine neue Kerze daraus herstellen können.

Sich warme Füße holen

Es geht nicht ohne Socken, und ganz sicher nicht im Winter. Denn unsere Füße sind immer kälter als der Rest unseres Körpers.

Wissenschaftliche Untersuchungen haben ergeben, dass eine angenehme Fußtemperatur zwischen 28º C und 34º C liegt, und wollene Socken - elastisch und warm im Winter und kühlend im Sommer - sind dabei notwendig. Für drinnen besser mit einer Antirutschsohle. Heutzutage wird Kunststoff in Wollsocken verarbeitet. Dadurch sind sie weicher und weniger kratzig als die Schafwollsocken von früher.

Hinein in die Socken

Socken tragen zur Abfederung bei, nehmen Schweiß auf und halten die Füße warm. Trotzdem werden sie bei der Wanderausrüstung oft stiefmütterlich behandelt. Für ein paar gute, feste Wanderschuhe geben wir gerne einen ordentlichen Betrag aus, aber darin tragen wir allzu oft Socken aus dem Sonderangebot. Und geben dann den Schuhen die Schuld, wenn wir Blasen bekommen.

Blasen entstehen durch Reibung zwischen Schuh und Fuß. In zu großen Socken können Falten entstehen, und auch Nähte oder Unebenheiten können schmerzhafte Stellen verursachen.

Kaufen Sie darum Socken ohne Nähte oder mit Nähten, die so verarbeitet sind, dass Sie sie nicht spüren, und am besten aus elastischem Material, so dass sie den Fuß gut umschließen. Da feuchte Füße schneller wund werden, wählen Sie kein Polyester, sondern Materialien wie Wolle oder Baumwolle, die Feuchtigkeit aufnehmen.

In Leder Gebunden

Mit Leder bezogen, auf dem sich das Relief eines Blattes abzeichnet, ist ein gewöhnliches Heft kein gewöhnliches Heft mehr. Dann wird es ein Gästebuch zum Aufschreiben der schönsten Erinnerungen an unvergessliche Abende. Oder ein Rezeptbuch, ein Fotoalbum, ein Gartentagebuch.

Material:

- Heft: Wir verwendeten ein großes, gebundenes Heft im Folio-Format (größer als A4) mit festem Einband. Natürlich sind auch andere Formate möglich.
- Leder: Ein oder zwei Bögen feinstes Leder, Maße abhängig von der Größe des Heftes. Feines Kalbs- oder Lammleder ist am besten geeignet. Das Leder muss so dünn wie möglich sein, da sonst die Maserung des Blattes nicht sichtbar wird. Es ist erhältlich beim Schuster, in Spezialgeschäften für Lederkleidung oder bei Firmen, die Kleidung reparieren. Wenn es dort nicht vorrätig ist, kann es oft bestellt werden.
- Leim: Es kann spezieller Lederleim verwendet werden (Schuster), aber Sprühkleber ist ebenfalls geeignet.
- Blatt: Ein großes Blatt mit einer deutlichen Maserung auswählen, zum Beispiel von einer Christrose (Helleborus)
- Pappe: Zur Verstärkung des Blattes. Keine zu dicke Pappe verwenden.

Arbeitsanleitung

Das Blatt mit der Maserung nach oben auf das Stück Pappe kleben. Mit einer feinen Schere die Form des Blattes sorgfältig ausschneiden, dabei jedem Detail des Blattes folgen! Da der Stiel meistens sowieso dick genug ist, braucht er keine Pappunterlage.

Das ausgeschnittene Blatt mit der Pappseite auf den Hefteinband kleben. Die Lederbögen mehr oder weniger nach Maß zuschneiden. Einige Zentimeter für den Umschlag oben, unten und an den Seiten zugeben und etwas mehr als die Breite des Rückens schräg ausschneiden (siehe Zeichnung (A): wie auch beim Einbinden mit Papier). Reichlich Leim auf der gesamten Oberfläche des Hefteinbandes verteilen, also auch auf dem Blatt, dabei vor allem den Stiel nicht vergessen. Der Leim wird mit einem Spatel oder einem Stück Pappe aufgetragen oder aufgesprüht. Wenn er schnell einzieht, muss dieser Vorgang wiederholt werden. Das Leder über den Einband spannen. Dabei können zwei zusätzliche helfende Hände gute Dienste leisten. Das Leder muss soweit wie möglich gedehnt werde, damit es so fein und straff wie möglich wird und die Konturen und die Maserung des Blattes gut sichtbar werden. Mit der Rückseite genauso verfahren. Die Ecken des Ledereinbandes schräg abschneiden (B) und das Leder an der Innenseite des Umschlags festkleben.

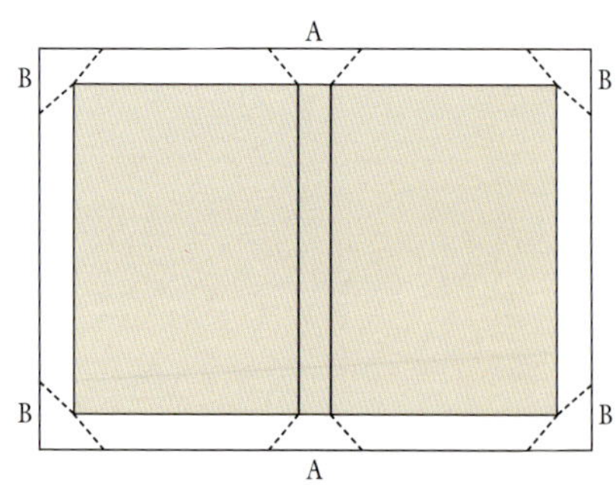

Holz für den Kamin

Holz brennt eigentlich immer, aber nicht alle Holzsorten eignen sich für den offenen Kamin. Die besten Sorten für den Kamin sind Eiche, Buche und Birke.

Eichenholz brennt am längsten, hat einen geringen Funkenflug und ergibt eine herrliche, warme Glut, die lange im Raum hängen bleibt. Dies liegt an der dichten Holzstruktur. Ein Kubikmeter Eichenholz wiegt 950 kg, und das ist 350 kg mehr als ein Kubikmeter Buchenholz. Buche verbrennt auch um die Hälfte schneller. Erlen-, Weiden-, Eschen- und Ulmenholz gehen noch schneller in Rauch auf. So wird das Heizen mit Holz schon ein recht teures Hobby. Die letztgenannten drei Sorten haben außerdem einen recht starken Funkenflug und sind deshalb eher für einen Allesbrenner als für einen offenen Kamin geeignet. Verwenden Sie zum Heizen gespaltenes Holz, in Stücken von 25 cm Länge und lassen Sie es lange Zeit trocknen. Gespaltenes Eichenholz ist nach ungefähr einem Jahr „kamingeeignet". Dünne Eichenstämme, die nicht gespalten sind, sind erst nach fünf Jahren trocken genug. Buchen- und Birkenholz ist weniger kompakt, trocknet also schneller. Lagern Sie das Holz draußen unter einem Vordach und nicht in einem Schuppen, wo es schnell zu schimmeln anfangen kann, da die Lüftung dort nicht ausreichend ist.

Kleines Feuerchen

Wer gerade einen Kamin bekommen hat, brennt normalerweise darauf, ihn einzuheizen. Aber haben Sie Geduld: Lassen Sie den neuen Kamin erst sechs Wochen ruhen. Wenn der Kamin zu schnell in Gebrauch genommen wird, kann der Rauchkanal Sprünge bekommen, da er noch nicht ganz trocken ist. Beginnen Sie dann mit einem kleinen Feuerchen und steigern Sie es langsam.

Ewiger Schnee

Das Land der weißen Ausblicke, kristallklaren Eiszapfen und Berggipfel voll ewigen Schnees brachte die Inspiration für diese winterlichen Bastelideen. Robust mit einem Hauch Schweizer Folklore.

Glaswärmer

Material: • dicker weißer Wollfilz • Stückchen roter Wollfilz für die Dekorationen • rotes Stickgarn • Textilkleber

Arbeitsanleitung:
Erst eine Schablone des Glases herstellen (siehe Seite 39). Diese Form aus dem Wollfilz ausschneiden. Beide Seiten des „Filzetuis“ mit Zierstichen zusammennähen, dafür Garn in einer Kontrastfarbe verwenden, damit der Zierstich gut sichtbar ist. Dekoration: Mit Bleistift Muster nach Wahl auf den roten Filz zeichnen, ausschneiden und mit Textilkleber auf die Glaswärmer kleben.

Bemalte Tasse und Teller

Material: • Porzellanfarbe • synthetischer Pinsel mit feiner Spitze

Arbeitsanleitung:
Teller, Tasse und Untertasse gründlich waschen und entfetten. Das Muster mit Bleistift auf Teller, Tasse und Untertasse vorzeichnen und dann mit freier Hand übermalen.

Tischtuch mit Sternen

Material: • grob gewebtes Tischtuch • rotes Stickgarn • Sticknadel • Stickrahmen

Arbeitsanleitung:
Die Stellen festlegen, an die die Sterne auf das Tischtuch kommen sollen, zum Beispiel am Rand entlang oder nur in den Ecken. Die Stelle, an die ein Stern kommt, straff in den Stickrahmen spannen. In der Mitte des Sterns beginnen und gleichlange Strahlen sticken, die jedesmal wieder durch das Zentrum gehen. Sterne in verschiedenen Größen kreuz und quer durcheinander sticken. Die Sterne nicht zu groß sticken, da sich das Garn sonst schnell verknotet.

Leinenserviette mit gestickter Schneeflocke

Material: • Leinenserviette • Stickgarn • Sticknadel • Stickrahmen

Arbeitsanleitung:
Das Muster mit Bleistift auf die Serviette zeichnen. Den Stoff in den Stickrahmen spannen. Mit Stickstichen alle Punkte miteinander verbinden. Die Reihenfolge ist dabei nicht wichtig. Den Faden nicht zu straff anziehen, aber auch nicht zu locker lassen. Mehrere kleinere Stickstiche verwenden, wenn die Schneeflocke größer wird, sonst verknotet sich das Garn zu schnell.

Ein Fußschemel mit einem Bezug aus Fell verleiht Ihrem Wohnzimmer einen winterlichen Akzent und ist ein gemütliches Fußbänkchen.

Fußschemel mit Winterfell

Für unseren Bezug wählten wir echtes tibetanisches Lammfell. Für ein Fell von 120 x 60 cm bezahlen Sie ungefähr 125,-. Um die Kosten auf ein Minimum zu beschränken, sind die Abmessungen des Schemels auf die Größe des Fells abgestimmt. Synthetisches Fell, eine gute Alternative, kann man auch überall kaufen. Natürlich können Sie auch einen Fellbezug für einen bereits vorhandenen Schemel anfertigen. Messen Sie in diesem Fall Sitzfläche und Seiten für die benötigte Menge Fell oder Stoff aus. Bei Stoff oder Kunstpelz geben Sie ein paar Zentimeter für Nähte und Säume dazu, bei echtem Fell ist das nicht nötig.

Material: • Spanplatte 2,5 cm dick, 120 x 60 cm • Schaumgummi 12,5 cm dick, 120 x 60 cm • 1 m synthetische Watte 0,5 cm dick • 4 Beine, fertig gekauft oder aus einem Holzbalken auf Maß gesägt. Wir ließen von einem Zimmermann Beine von 15 cm Höhe sägen und an einer Seite abschrägen. • 4 lange Holzschrauben • Beize • Tacker oder kleine Kopfnägel

Material für den Bezug: • 2 Stücke Fell von 120 x 90 cm oder 120 cm Kunstpelz (Stoffbreite 130 cm) • bei Verwendung von echtem Fell zusätzlich selbstklebende Vlieseline zur Verstärkung der Nähte, • sowie 5 m Band , 2 cm breit

Arbeitsanleitung für einen Bezug aus Fell
Ein Stück Fell bildet die Oberseite des Bezugs. Das zweite Stück Fell für die vier Seiten in drei Streifen von 120 x 15 cm schneiden: zwei für die langen Seiten und den halbierten dritten für die kurzen Seiten. Die Felle an der Lederseite mit einem sehr scharfen Hobbymesser sehr vorsichtig auseinander schneiden, um die Haare so wenig wie möglich zu beschädigen! Die Seiten, die zusammengenäht werden, erst mit Vlieseline verstärken. Die vier Streifen mit Zickzackstich an das große Stück Fell nähen (Vorsicht: nicht aufeinander, wie bei Stoff, sondern gegeneinander). Dann die Seitennähte auf dieselbe Weise im Zickzackstich zusammennähen und so einen Bezug formen. Das Band an der Unterseite rund um den Bezug nähen. Daran wird der Bezug unter dem Brett gespannt und mit Nieten oder Nägeln daran befestigt.

Arbeitsanleitung für einen Bezug aus Kunstpelz oder Stoff:
Ein Stück von 123 cm (120 cm + 2 x 1,5 cm Nahtzugabe) x 95 cm (60 cm + 2 x 15 cm für die Seiten + 2,5 cm Saum an beiden Seiten) und zwei Stücke von 63 cm (60 cm + 2 x 1,5 cm Nahtzugabe) x 21,5 cm (15 cm Höhe + 1,5 cm Nahtzugabe + 2,5 cm Saum) zuschneiden. Alles wie oben beschrieben zusammennähen, aber hier immer mit einer Nahtzugabe von 1,5 cm und an der Unterseite mit einem Saum von 2,5 cm. Ein Band ist in diesem Fall nicht nötig, die Nieten können einfach durch den Stoff geschlagen werden.

Arbeitsanleitung für den Fußschemel:
Die Beine in der gewünschten Farbe beizen, dann mit 2 cm Abstand vom Rand an der Holzplatte festschrauben. Schaumgummi und Watteschicht auf die Platte legen, die überstehenden Ränder abschneiden.

Ausarbeitung:
Den Bezug über den Schemel ziehen, diesen umdrehen und das Band oder den Stoffsaum mit Nieten oder Nägeln an der Unterseite der Platte befestigen.

DE GLORIE VA
ROZEN

WINTER

Notizen

Winterküche

Köstliche Augenblicke

Der Nachmittag, an dem die ganze Familie mit knallroten Wangen nach dem Eislaufen Erbsensuppe aß, das Foto des Jüngsten mit einem riesigen Schnurrbart nach dem Kakaotrinken, das Stillleben des Gemüsegartens, in dem in eisiger Pracht der Grünkohl stand.

Haben Sie ein Foto von einem köstlichen Winteressen?

Kleben Sie es hier ein.

Datum:

(Suppe als Mahlzeit)

KARTOFFELSUPPE mit Pilzen

Bei einem einfachen, gastlichen Topf Suppe auf dem Tisch kann jederzeit jemand mitessen. Diese deftige Kartoffelsuppe ist herrlich nach einem ordentlichen Winterspaziergang oder einer Schlittschuhfahrt.

Zutaten für 4 Personen:

75 g Butter
250 g Kartoffeln (vorwiegend festkochend)
100 g Lauch (die weißen Teile)
50 ml Weißwein
1 Zweig Zitronengras
300 ml Bouillon nach Wahl
1 Lorbeerblatt

Für die Pilze:

50 g Butter
300 g Pilze
1 feingehackte Schalotte
1 gepresste Knoblauchzehe
1/2 Esslöffel feingehackter Blattsellerie

Zubereitung:

Die Butter in einem großen Topf schmelzen lassen. Inzwischen die Kartoffeln und den Lauch kleinschneiden, zur geschmolzenen Butter geben und ungefähr 5 Minuten schmoren lassen. Dann den Wein, das Zitronengras, die Bouillon und das Lorbeerblatt zugeben. Das Ganze 1 Stunde auf kleiner Flamme ziehen lassen, ohne dass es kocht. Die Suppe durch das Sieb streichen und mit Salz und Pfeffer abschmecken.

Für die Pilze: Die Butter in einem Topf mit dickem Boden schmelzen lassen. Die Pilze sehr fein schneiden. Die Schalotte und den Knoblauch zur Butter geben und kurz anbraten. Die Pilze dazu geben und das Ganze in ca. 20 Minuten gar werden lassen. Den feingeschnittenen Sellerie dazu geben und mit Salz und Pfeffer abschmecken.

Einen Löffel der Pilzmischung in einen Teller oder eine Schüssel geben, die Suppe darüber schöpfen und servieren. Auch lecker dazu ist eine warme Scheibe Toast mit geräuchertem Aal.

(Hauptgericht)

Schmortopf vom Huhn
mit Aprikosen und Rosinen

Dieser Schmortopf mit Gewürzen und Orangensaft duftet warm und würzig. Sie können anstatt des Huhns auch vier Kaninchenkeulen nehmen.

Zutaten für 4 Personen:

700 g Hühnerbrustfilet
2 Esslöffel frisch geriebener Ingwer oder 3 Teelöffel Ingwerpulver
2 Teelöffel Kardamompulver
1 Teelöffel frisch gemahlener schwarzer Pfeffer
Salz
2 Schalotten
1 Knoblauchzehe
1 rote Chilischote
4 Esslöffel Olivenöl
200 ml trockener Weißwein
200 ml Orangensaft
1/2 Brühwürfel
200 g gequollene Aprikosen
75 g schwarze Rosinen
Mehlbutter aus 20 g Butter und 15 g Mehl
Ingwersaft oder Honig

Zubereitung:

Die Hühnerbruststücke in der Mitte durchschneiden. Den geriebenen Ingwer mit dem Kardamom, dem Pfeffer und Salz nach Geschmack mischen, die Hühnerstücke damit einreiben und eine halbe Stunde marinieren lassen. Schalotten und Knoblauch schälen und fein schneiden. Chilischote der Länge nach durchschneiden, die Körner entfernen und die Schote in winzige Stückchen schneiden. Das Olivenöl in einer Bratpfanne erhitzen und jeweils einige Stück Huhn von allen Seiten anbräunen. Den größten Teil des Bratfetts aus der Pfanne gießen. Das Öl wieder erhitzen und die Zwiebel, den Knoblauch und den Chili kurz anbraten. Mit dem Weißwein ablöschen und auf die Hälfte einkochen lassen. Den Orangensaft und den Brühwürfel dazugeben und die Flüssigkeit zum Kochen bringen. Die Hühnerstücke in die Sauce legen und bei mittlerer Hitze zugedeckt 15 Minuten schmoren lassen.

Die Aprikosen in der Mitte durchschneiden und mit den Rosinen zum Huhn geben. Das Ganze wieder schnell zum Kochen bringen, die Hitze zurückschalten und das Huhn noch 15 Minuten schmoren lassen.

Mit den Fingerspitzen die Butter mit dem Mehl verkneten und diese Mehlbutter in kleinen Stücken in die Orangensauce rühren. Die Sauce mit etwas Ingwersaft oder Honig abschmecken, um die Säure der Aprikosen und des Orangensaftes etwas abzumildern.

Dazu mit Zimt und Kardamom gewürzten Reis servieren. Vor dem Servieren geröstete Mandeln darunter mischen.

(Haupt- oder Mittagsgericht)

Liebling Frikadelle

Welcher ist der leckerste Hackfleischklops? Der eine schwört auf die einfache Variante, der andere mag sie gut gewürzt und wieder ein anderer gibt viel Knoblauch dazu. Zu einem winterlichen Eintopf ist jedenfalls eine gut gewürzte Frikadelle eine schmackhafte Ergänzung.

Zutaten für 4 Personen:

300 g Rinderhackfleisch
200 g Hackfleisch „halb und halb"
1 Ei
4 Esslöffel feines Paniermehl
2 Frühlingszwiebeln
2 Knoblauchzehen
1 Teelöffel geriebener frischer Ingwer
1/2 bis 1 Esslöffel Sambal Badjak oder Sambal Oelek
1 Teelöffel gemahlener Koriander
1 Teelöffel Salz
frisch gemahlener Pfeffer
3 Esslöffel Sonnenblumenöl
2 Esslöffel Olivenöl

Zubereitung:

Die beiden Sorten Hackfleisch vermischen. Die Frühlingszwiebeln putzen und in schmale Ringe schneiden. Den Knoblauch schälen und die Zehen sehr fein schneiden. Das Ei über das Hackfleisch schlagen und 1 Esslöffel Paniermehl, die Frühlingszwiebel, den Knoblauch, den Ingwer sowie Sambal, Koriander, Salz und Pfeffer dazu geben. Das Ganze gut verkneten. Aus der Hackfleischmasse acht Klöße formen, diese mit nassen Fingerspitzen rundum glätten und dann im restlichen Paniermehl wenden. In einer Bratpfanne beide Ölsorten erhitzen und die Hackfleischklöße rundum anbraten, bis sie schön braun sind. Bei schwacher Hitze in ca. 20 Minuten gar werden lassen, dabei oft wenden und mit dem Bratfett beträufeln, so dass sie weich werden und eine schöne Farbe bekommen.

VARIANTEN:

- **Zu den 500 g Hackfleisch eine fein geschnittene Schalotte, eine Knoblauchzehe, einen Teelöffel scharfen Senf, Salz und Pfeffer, 150 g festen Blauschimmelkäse in Würfeln und 3 Esslöffel geröstete Pinienkerne dazu geben.**

- **Das Hackfleisch mit einer Schalotte, einer Knoblauchzehe, 3 Esslöffel roter Paprikaschote und 2 Esslöffeln Petersilie, alles fein geschnitten, vermischen.**

- **Das Hackfleisch mit einer Schalotte, Knoblauch, 20 g Rosinen, 50 g fein geschnittenen Datteln und 50 g grob gehackten Haselnüssen oder Mandeln nach Geschmack vermischen.**

(Hauptgericht oder Beilage)

Rosenkohl mit Kastanien und Weintrauben

Ein herrliches Wintergericht zu Wild und Geflügel, das auch als Eintopfgericht serviert werden kann. Mischen Sie in diesem Fall noch pro Person zwei dünne, schön braun angebratene Würstchen darunter.

Zutaten für 6 Personen:

750 g Rosenkohl, nicht zu groß
250 g Kastanien
1 Schuss Milch
1 Schalotte, fein geschnitten
1 Esslöffel Butter
3 Esslöffel Olivenöl
1 kleines Glas Weißwein
250 g helle Weintrauben
1 Zweig Rosmarin
grobes Meersalz

Zubereitung:

Den Rosenkohl putzen. Die Kastanien mit einem Messer einkerben und ungefähr 8 Minuten in siedendem Wasser kochen lassen. Noch warm schälen, dabei die Haut unter der Schale entfernen. Die Kastanien in einen Topf mit warmem Wasser und einem Schuss Milch geben und köcheln lassen, bis sie bissfest sind, dann abgießen. Die Schalotte im Öl und der Butter in einem großen Topf goldbraun anbraten. Den Rosenkohl dazu geben, mit dem Weißwein übergießen und unter ab und zu rühren ungefähr 7 Minuten köcheln lassen, bis der Rosenkohl bissfest ist. Die Flüssigkeit sollte dann verdampft sein. Noch etwas Butter darüber geben. Nun die Kastanien und die Weintrauben dazu geben und das Ganze ungefähr 3 Minuten erhitzen, zum Schluss mit Meersalz und Rosmarin bestreuen. Dieses Gericht wird direkt aus dem Topf serviert. Nicht in den Ofen stellen, da der Rosenkohl sonst braun wird.

(Hauptgericht)

Würstchen mit weißen Bohnen

Nötig für 5 Personen:

500 g frische weiße Bohnen oder 400 g getrocknete weiße Bohnen
300 g italienische Schweinewürstchen oder andere frische Wurst
4 Tomaten
1 Dose geschälte Tomaten, 400 ml Inhalt
2 Knoblauchzehen
Olivenöl
5 Lorbeerblätter
Meersalz
schwarzer Pfeffer

Zubereitung:

Die Bohnen über Nacht in reichlich kaltem Wasser einweichen, abgießen und abspülen. Den Ofen auf 170º C vorheizen. Die Tomaten abziehen, die Kerne entfernen. Die Bohnen, die Würstchen, die Tomaten und die Dosentomaten mit Saft, den Knoblauch, 2 Teelöffel Olivenöl, die Lorbeerblätter, Salz und Pfeffer in eine feuerfeste Form geben und so viel Wasser darüber gießen, dass die Bohnen 2 cm unter Wasser sind. Den Deckel auf die Schale legen und das Gericht im vorgeheizten Ofen in 2 Stunden gar werden lassen.

Würstchen

Wurst gehört zum Winter, und auf jeden Fall in den Eintopf. Wenn Sie sicher sein wollen, dass Sie gute Wurst kaufen, achten Sie auf das CMA-Gütezeichen oder das neue Prüfzeichen für Lebensmittel: QS.

(Beilage)

Farbe auf dem Tisch

Karotten sind ein gesundes Nahrungsmittel, da sie Karotin (eine Vorstufe des Vitamins A) enthalten. Aber dies ist nur wirksam, wenn man die Karotten richtig zubereitet - in Kombination mit Fett. Egal, ob Sie die Karotten kochen, backen oder roh verarbeiten, verwenden Sie bei der Zubereitung immer etwas Sahne, ein Stückchen Butter oder einen Schuss Öl.

Karotten aus dem Ofen

Zutaten für 4 Personen:
500 g Karotten
4 Schalotten
3 Knoblauchzehen
3 Esslöffel Olivenöl
4 Zweige Thymian
2 Zweige Rosmarin
Meersalz und frisch gemahlener Pfeffer
1 Teelöffel Zucker

Zubereitung:
Den Ofen auf 175º C vorheizen. Die Karotten putzen und in eine feuerfeste Form legen. Die Schalotten vierteln, die Knoblauchzehen halbieren und zu den Karotten geben. Das Ganze mit Olivenöl besprenkeln.
Die Gewürze, etwas Salz und Pfeffer nach Geschmack darüber streuen. Die Form in den Ofen stellen und das Gericht ca. 35 Minuten garen lassen.

Karotten in Kokosmilch mit Ingwer und Rosinen

Zutaten für 4 Personen:
500 g Karotten
1 l Kokosmilch
40 g frischer Ingwer
60 g schwarze kalifornische Rosinen
1/4 l Wasser

Zubereitung:
Die Karotten schaben und mit der Kokosmilch, dem Ingwer, den Rosinen und dem Wasser in 15 Minuten gar kochen. Mit etwas Salz und Pfeffer abschmecken und servieren. Auch lecker als Beilage zu einer orientalisch gewürzten Mahlzeit.

(Hauptgericht)

Muschelmahlzeit

Wenn Sie alles vorher schon schneiden und bereitstellen, steht ein Topf voll dampfender Muscheln im Handumdrehen auf dem Tisch. Klassisch mit Zwiebeln, Sellerie und Karotten oder diese indische Variante, die Sie mit Reis servieren.

Muscheln auf indische Art

Zutaten für 4 Personen:
4 Esslöffel Sonnenblumenöl
4 Schalotten, geschnitten
3 Knoblauchzehen, zerdrückt
1 Teelöffel milder Curry
2 Teelöffel frisch geriebener Ingwer
2 rote Chilischoten, entkernt und grob gehackt
5 Lorbeerblätter
2 Esslöffel kandierter Ingwer
1 Flasche trockener Weißwein
2 Zitronen, in Stücke geschnitten
4 kg Muscheln
4 rote Paprikaschoten, geviertelt
12 Zweige grob geschnittener Koriander
100 g Lauch, in Streifen geschnitten

Zubereitung:
Das Öl, die Zwiebeln und den Knoblauch in einen großen Topf geben und 1 Minute leicht schmoren lassen. Den Curry, den Ingwer, die gehackten Chilis und die Lorbeerblätter zugeben. Mit dem Weißwein ablöschen, den kandierten Ingwer und die Zitrone dazu geben. Das Ganze 20 Minuten leise köcheln lassen, aber nicht kochen. Dann die Mischung zum Kochen bringen und die Muscheln und Paprikaviertel zugeben. Den Deckel auf den Topf legen und das Ganze kochen lassen, bis alle Muschelschalen sich geöffnet haben. Ganz zum Schluss den Koriander und den Lauch dazu geben, gut durchmischen und sofort mit einer Schüssel (Basmati-)Reis servieren.

(Hauptgericht)

Grünkohlkuchen

Grünkohl ist ein typisches Wintergemüse, das von Oktober bis Ende Februar erhältlich ist. Kenner sagen, dass er am besten schmeckt, wenn er den ersten Frost abbekommen hat.

Zutaten für eine Form von ca. 26 cm Durchmesser:

Für den Teig:
140 g Mehl
1/2 Teelöffel Salz
75 g kalte Butter
1 Eigelb
2 Esslöffel Wasser
oder
225 g fertiger Mürbeteig

Für die Füllung:
2 Frühlingszwiebeln
1 Knoblauchzehe
3 Esslöffel Olivenöl
250 g geschnittener Grünkohl
Salz und frisch gemahlener Pfeffer
100 g Frühstücksspeck, in dickeren Scheiben
2 rote Paprikaschoten aus dem Glas
4 Eier
2 1/2 dl Sahne
50 g pikanter geriebener Käse

Der Teig

Für den Teig das Mehl mit dem Salz in eine Schüssel sieben und die Butter mit zwei Messern oder mit Knethaken darunter mischen, bis die Mischung wie feine Brotkrumen aussieht. Das Eigelb mit der Hälfte des Wassers verrühren und darunter heben. Es soll einen zusammenhängenden, aber auf keinen Fall nassen Teig ergeben. Wenn nötig, auch den Rest des Wassers zugeben. Das Ganze mit kühlen Händen schnell zu einem Teigklumpen zusammenkneten und diesen, in Aluminiumfolie verpackt, für eine Stunde in den Kühlschrank legen.

Die Füllung

Für die Füllung die Frühlingszwiebel in Ringe und den Knoblauch in Scheibchen schneiden. Das Öl in einem Wok erhitzen und den Grünkohl 5 Minuten unter Rühren anbraten. Die Frühlingszwiebeln und den Knoblauch dazu geben und weitere 5 Minuten anbraten. Den Grünkohl mit Salz und Pfeffer abschmecken und abkühlen lassen. Die Speckscheiben in einer Pfanne knusprig anbraten und in Stücke schneiden. Die Paprikaschoten in Streifen schneiden. Den Ofen auf 225º C vorheizen.

Der Kuchen

Auf einer mit Mehl bestäubten Arbeitsfläche den Teig auf ca. 28 cm Durchmesser ausrollen und in die Form legen. Den Teig gut am Rand andrücken und den überhängenden Teil mit einem Messer glatt am Rand entlang abschneiden. Den Boden mehrmals einstechen. In einer Schale die Eier mit der Schlagsahne schlagen. Den Grünkohl, die Paprika, die Speckstreifen und den Käse darunter heben und das Ganze in die Teigform gießen, die Oberfläche glatt streichen. Die Form in den Ofen stellen, die Temperatur auf 200º C zurück schalten und den Kuchen in ca. 35 Minuten gar und goldbraun backen lassen. Als Hauptgericht mit Tomatensalat oder grünem Salat servieren.

(Zum Naschen)

Kürbiskuchen

Herzhaft und süß zugleich ist dieser Kürbiskuchen, der mit Schlagsahne serviert wird. Köstlich zum Kaffee oder als Dessert.

Zutaten für 6 Personen:

Für den Boden
90 g Butter
150 g Mehl
1 Teelöffel Salz
3 bis 4 Esslöffel eiskaltes Wasser
1 verquirltes Eiweiß

Für die Füllung
2 Teelöffel Pflanzenöl
500 g Kürbisfruchtfleisch in Würfeln
100 g brauner Zucker
50 g feiner Kristallzucker
2 mittelgroße Eier
2 Teelöffel Vanilleextrakt
2 Teelöffel Zimt
1 Teelöffel Muskatnuss, am besten frisch gerieben
Salz nach Geschmack
1 Prise Nelkenpulver
3 1/2 dl Schlagsahne

Vorab: Das beste Resultat erhält man, wenn man den Teig einige Stunden vorher zubereitet, so dass er einige Zeit an einem kühlen Platz ruhen kann.

Zubereitung:
Für den Teig die Butter in einer Schüssel in Stücke schneiden, das Mehl und Salz dazu geben und alles mit kühlen Fingerspitzen vermischen, bis das Gemisch wie Brotkrumen aussieht. So viel Wasser darunter heben, bis ein zusammenhängender Teig entstanden ist. Diesen zu einer Kugel formen und bis zur weiteren Verwendung in Folie verpackt in den Kühlschrank legen.
Den Ofen auf 200° C vorheizen. Ein Backblech mit dem Öl einfetten, die Kürbiswürfel darauf verteilen und sie 30 Minuten in den Ofen stellen, bis sie sehr weich geworden sind. Das Backblech aus dem Ofen nehmen, diesen aber an lassen. Das Kürbisfruchtfleisch in ein (grobes) Sieb geben und vorsichtig so viel Flüssigkeit wie möglich heraus drücken. Das Kürbisfruchtfleisch noch etwas im Sieb abtropfen und abkühlen lassen.
Eine Kuchenform mit ca. 25 cm Durchmesser einfetten. Den Teig auf einer mit Mehl bestäubten Arbeitsfläche auf ca. 30 cm Durchmesser ausrollen und in die Form legen, den Teigrand nach innen umklappen. Den Boden mit dem Eiweiß bestreichen und 10 bis 15 Minuten in den Ofen stellen. Der Teig darf nicht zu braun werden! Die Form aus dem Ofen nehmen und den Boden abkühlen lassen. Das abgekühlte Kürbisfruchtfleisch durch das Sieb drücken und mit dem Zucker, den Eiern, Vanille, Zimt, Muskatnuss, Salz, Nelkenpulver und der Sahne vermischen. Das Ganze auf dem Tortenboden verteilen und den Kuchen 50 bis 60 Minuten backen. Wenn der Teigrand zu dunkel wird, den Kuchen mit Aluminiumfolie abdecken. Den Kuchen aus dem Ofen holen, wenn die Füllung in der Mitte noch nicht ganz fest ist (die Füllung muss noch zittern, wenn man die Form vorsichtig schüttelt) und etwas abkühlen lassen. Mit geschlagener Sahne servieren.

(Dessert)

KÜCHLEIN IN RUM

Ein selbstgemachtes Dessert ist die Krönung einer Mahlzeit. Küchlein in Rum sind herrlich winterlich und lassen sich einfach vorbereiten. Bevor Sie die Küchlein dann verzehren, kann das Weckglas mit den kleinen Rührkuchen auch noch sehr dekorativ eingesetzt werden.

Zutaten:

200 g Mehl
200 g Butter
575 g Zucker
4 Eier
50 g Rosinen (gewaschen)
1/2 l Rum
Weckglas

Zubereitung:

Den Ofen auf 200º C vorheizen. Die Butter mit 75 g des Zuckers glatt rühren und unter Rühren die Eier einzeln dazu geben, dann das Mehl und dann die Rosinen. Den Teig in kleine, eingefettete Förmchen gießen und ungefähr 15 bis 20 Minuten backen. Die Küchlein aus den Förmchen nehmen und abkühlen lassen. Mit einem Schaschlikstäbchen oder einer Stricknadel kleine Löcher in die Küchlein stechen und diese in das Weckglas schichten. Den restlichen Zucker in einem halben Liter kochendes Wasser auflösen, abkühlen lassen und mit dem Rum mischen. Etwas von der Rummischung auf die Kuchen gießen und warten, bis sie die Flüssigkeit aufgenommen haben. Auf diese Weise das Weckglas Schicht für Schicht bis zum Rand füllen. Die Küchlein mit einem Löffel der Flüssigkeit oder einer Kugel Vanilleeis servieren.

RUM

Rum wird aus Zuckerrohr hergestellt. Obwohl fast überall auf der Welt, wo Zuckerrohr angebaut wird, auch Rum destilliert wird, ist das karibische Gebiet der bekannteste Produzent. Jedes Land dort hat seine eigene Rumsorte, die sich in Geschmack, Stärke und Farbe voneinander unterscheiden. Für dieses Rezept eignet sich jeder Rum, aber am besten werden die Kuchen, wenn Sie eine volle, kräftige Sorte wählen.

(Zum Naschen)

Baci di dama

Von diesen traditionellen italienischen „Damenküsschen" möchten Sie sicher mehr als eins. Nehmen Sie dann einfach drei, das passt zur gegenwärtigen Kussetikette. Lecker zu heißer Schokolade.

Zutaten für 40 Stück:
150 g weiche Butter
100 g Kristallzucker
1 Eigelb
50 g geröstete Mandeln, sehr fein gemahlen
50 g geröstete Haselnüsse, sehr fein gemahlen
175 g Mehl
Vanilleessenz
50 g Zartbitterschokolade

Zubereitung:
Die Butter mit dem Zucker locker und schaumig schlagen. Das Eigelb, die Mandeln und die Nüsse darunter rühren, dann das Mehl und die Vanilleessenz dazu geben. Den Teig abkühlen lassen (am besten über Nacht). Den Ofen auf 170º C vorheizen. Aus dem Teig Kugeln in Haselnussgröße formen und diese ungefähr 20 Minuten backen. Die Schokolade im Wasserbad schmelzen lassen und damit jeweils zwei Hälften zusammen kleben.

LIEBESTRANK
Dass sich Schokolade auf unser Gemüt auswirkt, ist längst entdeckt worden. So erhob Casanova heiße Schokolade zum Liebestrank, und auch die Maitresse von Ludwig XV ließ ihre Liebhaber Schokolade trinken. Warum? Schokolade enthält einen Stoff, der glücklich macht und einem chemischen Stoff ähnlich ist, den unser Gehirn ausschüttet, wenn wir verliebt sind.

KAKAOGEHALT
Entsprechend der EU-Richtlinie darf Schokolade erst dann so genannt werden, wenn sie zu mindestens 35 % aus Kakao besteht. Milchschokolade muss 25 % Kakao enthalten, für Zartbitterschokolade gelten mindestens 50 %, für extra bittere mindestens 60 %. Weiße Schokolade enthält keinen Kakao, sondern Kakaobutter, aber da Struktur und Geschmack der normalen Schokolade ähnlich sind, darf sie trotzdem Schokolade genannt werden.

Winterrezepte

Zutaten:

Zubereitung:

Winterspaß

Selbst gebastelt

Selbst Menschen mit zwei linken Händen werden ungeahnt kreativ, wenn die Festtage näher rücken. Es fängt an mit Nikolausüberraschungen, bei denen die Skala von „rührend unbeholfen" bis „zu schön zum Auspacken" reicht. Dann folgen die selbst gemachten Weihnachtskarten, Kränze und Dekorationen und zum Schluss mit Liebe gebastelte Valentinsgeschenke.

Haben Sie ein Foto von einer Kreation, auf die Sie besonders stolz sind?

Kleben sie es hier ein.

Datum:

Lieve Joris
Op de hoge stille daken
hij is daar aan het

Ideen zum Nikolaustag

Ein schönes Gedicht und eine Verpackung aus buntem Papier, Bändern und Perlen machen ein einfaches Geschenk sehr besonders und persönlich.

Gedichte

Sie können sie natürlich tippen, aber schöner und persönlicher ist es, Gedichte mit der Hand zu schreiben. Zum Beispiel mit edler Tinte auf elegantem, handgeschöpften Papier in verschiedenen Farben. Sie können die Gedichte auch mit einem Federhalter mit auswechselbaren Kalligrafiefedern schreiben. Oder verwenden Sie Rohrfedern aus Bambus in unterschiedlicher Dicke, die Sie in ein Tintenfass tauchen.

Einpacken

Wenn ein Nikolausgeschenk liebevoll eingepackt wird, sind es eigentlich zwei Geschenke.

- Bestempeln Sie weißes Papier mit aus Kartoffeln geschnittenen Buchstaben.
- Packen Sie ein Geschenk in weißes Papier und binden Sie rote Spitze oder einen anderen durchsichtigen Stoff und große Schleifen darum.
- Haben Sie mehrere Geschenke, die zusammengehören? Verpacken Sie sie erst einzeln und dann zusammen in durchsichtiges Zellophan. Binden Sie das Zellophan fest und hängen Sie ein buntes Etikett daran.
- Ziehen Sie Perlen auf eine Schnur und binden Sie die um das Geschenk.
- Verwende Sie altmodische Namensetiketten oder basteln sie selbst Etiketten aus verschiedenen Lagen Papier übereinander.
- Bekleben Sie einfarbiges Papier mit Figuren, die aus Geschenkpapier mit Nikolausmotiven ausgeschnitten werden.
- Verwenden Sie bunte Wellpappe zum Einpacken.

16
19
24
14
8

Adventskalender

Auf einem Adventskalender sieht man Weihnachten jeden Tag näher rücken. Traditionell hat so ein Kalender 24 Türchen: jeden Tag darf eins davon geöffnet werden. Kinder finden es sehr spannend, um auf diese Weise die verbleibenden Tage bis Weihnachten zu zählen. Hinter die Türchen dieses Adventskalenders wurden Familienfotos und Bilder von Ikonen geklebt.

Material:
- fester Karton
- weiße Fettkreide
- Cutter
- Schneideunterlage
- Fotos und Farbkopien nach Wahl

Aus dem Karton zweimal die Grundform ausschneiden: einmal als Vorder- und einmal als Rückseite. Wir haben eine stattliche Villa gewählt, aber Sie können auch eine andere Vorlage nehmen, zum Beispiel Ihr eigenes Haus. Zuerst mit Bleistift die Vorderseite des Hauses mit den 24 Türchen zeichnen und diese mit einer Zahl von 1 bis 24 versehen. Alle Linien mit Fettkreide nachziehen. Die Türchen an drei Seiten aufschneiden und Fotos und Farbkopien in der Höhe der Türchen auf die Rückwand kleben. Die beiden Kartonstücke zusammenkleben. Oben ein Loch zum Aufhängen in den Kalender stechen. Öffnen Sie am ersten Dezember das Türchen mit der Nummer 1 und machen Sie weiter bis Heiligabend.

Die Bedeutung des Advents

Die Feier des Advents hat einen kirchlichen Hintergrund. Die Adventszeit sind die vier Wochen, die dem Weihnachtsfest vorausgehen. Das Wort „Advent" ist vom lateinischen „adventus", das „Ankunft" bedeutet, abgeleitet. Der Advent hat für Christen eine zweifache Bedeutung: Er ist die Vorbereitung auf Jesus' Geburt, die an Weihnachten gefeiert wird, aber auch die Vorbereitung auf die Rückkehr Gottes auf die Erde. In den Kirchen stehen in dieser Zeit vier Adventskerzen. An jedem Adventssonntag wird eine dieser Kerzen angezündet. Die Adventszeit endet am Heiligabend.

WIEDER DA

Herrlich altmodisch, so ein Weihnachtsvögelchen mit einem Klemmfuß. Immer schön im Weihnachtsbaum, aber auch stimmungsvoll auf einigen kahlen Winterzweigen mit Weihnachtslichtern. Oder in einem Vogelkäfig, wo er zusammen mit einigen alten Christbaumkugeln und bunten Lämpchen ein farbiges Ganzes bildet.

Kranz aus Schleierkraut

Material:
- feiner Maschendraht
- Schleierkraut
- Blumendraht

Arbeitsanleitung:
Aus dem Maschendraht eine gewölbte Kranzunterlage formen. Hier die Zweige Schleierkraut durchstecken, bis die Unterlage vollig bedeckt und kein Maschendraht mehr zu sehen ist. Die Zweige auf der Rückseite mit Blumendraht befestigen. Schleierkraut trocknet gut und so bleibt der Kranz längere Zeit schön.

Herzkranz

Material:
- fester Eisendraht
- dünner Draht zum Festbinden der Zweige
- Marmeladengläschen
- Zweige mit Beeren

Arbeitsanleitung:
Den festen Draht in Herzform biegen und die Zweige mit den Beeren daran festbinden. Einen dünnen Draht um den Rand des Gläschens wickeln und die Enden an der oberen Spitze des Herzens festbinden.

HOUTEN KINDERPUZZLE 1
JIG-SAW
TUCO interlocking PICTURE PUZZLE
OVER 250 TRIPL-THICK PIECES
NO. 950-D SERIES
leeftijd âge alder alder alter age età edad 6
JUMBO
374
ne t'en fais pas
ORIGINAL RUMMY
RUMMY ORIGI
Dokter Bibber
MB SPELLEN
6-14 jaar
Dokter Bibbe
Het knotsgekke ELECTRISCHE dokters
MONOPOLY

Wir werden von Fernsehprogrammen, DVDs und Computerspielen überflutet, aber gerade im Winter kommen oft die altmodischen Gesellschaftsspiele wieder auf den Tisch. Das alte vertraute Mensch-ärgere-Dich-nicht und Monopoly haben inzwischen Gesellschaft von neuen Klassikern bekommen, wie zum Beispiel „Die Siedler von Catan". Aber die fröhlichsten Augenblicke entstehen oft bei (zum Teil) selbst erfundenen Spielen, wenn die Familie in größerem Kreis beisammen ist.

Spielerisches Vergnügen

Nikolausspiel

Ein Spiel für den Nikolausabend, das vor allem in größeren Gruppen viel Spaß macht.

Bitten Sie jeden, ein eingepacktes Geschenk mitzubringen, und legen Sie diese Geschenke auf einen großen Stapel. Lassen Sie einen Würfel die Runde machen: Wer eine gerade Zahl würfelt (oder eine Sechs oder was sonst abgesprochen wird), darf ein Geschenk vom Stapel nehmen und auspacken. Aber: er darf auch einem Mitspieler ein Geschenk wegnehmen, wenn er das schön findet. Stellen sie einen Küchenwecker auf eine vorher ausgemachte Zeit, zum Beispiel eine halbe Stunde. Wenn der Wecker klingelt, darf jeder ein Geschenk von seinem inzwischen zusammengetragenen Stapel auswählen und weglegen; dies darf dann also nicht mehr von einem Mitspieler weggenommen werden.

* Spielen Sie dieses Spiel nicht mit zu kleinen Kindern: sie verstehen oft nicht, warum sie etwas Schönes wieder hergeben müssen.

Schöne Ideen für Familienspaß auf der Grundlage vorhandener Spiele

Lassen Sie jeden einige Kartenpaare für ein Familienmemoryspiel machen. Wenn darauf zum Beispiel Abzüge von Urlaubsfotos sind, kommen die Urlaubsgeschichten von selbst. Das wird garantiert lustig!

Wie gut die Familienmitglieder einander kennen, kann mit einer privaten Variante von „Trivial Pursuit" getestet werden. Lassen Sie die Familienmitglieder eine Reihe Karten mit Fragen über sich selbst vorbereiten, wovon die anderen die Antworten wissen können, zum Beispiel: „Wie heißt die Gruppe, von der X schon jahrelang Fan ist?" oder „Was für ein Kuscheltier nimmt X immer mit ins Bett?"

Oder schauen Sie in den Spieleschrank und denken Sie sich ihre eigene Variante aus!

Maskierte Kugeln

Sie haben sicher ein paar alte Christbaumkugeln, die Sie nicht mehr verwenden. Zum Beispiel diese glatten silbernen, die eigentlich zu langweilig sind, um sie an den Baum zu hängen. Oder vielleicht können Sie die Kugeln in der Modefarbe des letzten Jahres nicht mehr sehen. Werfen Sie sie auf jeden Fall nicht weg, sondern geben Sie ihnen mit etwas (Gold-)Farbe und Leim ein neues Gewand.

Spirale

Material: • Sprühdose (Gold-)Farbe
Relieffarbe (im Hobbygeschäft erhältlich)

Die Kugel mit einer Schicht Farbe besprühen und trocknen lassen. Mit Relieffarbe kleine Spiralzeichnungen auf der Kugel anbringen. Gut trocknen lassen.

Wellpappe

Material: •
Sprühdose (Gold-)Farbe
feine Wellpappe
Sekundenkleber

Aus der Pappe 2 cm Kreise ausschneiden. Mit einer Nagelschere spiralförmig bis zur Mitte schneiden. Spiralen auf die Kugel kleben und mit Goldfarbe besprühen.

Zeitungen

Material: • Zeitungspapier
Sprühdose (Gold-)Farbe
Sprühkleber

Die Kugel mit Kleber besprühen. Kleine Schnipsel Zeitungspapier auf die Oberfläche drücken, bis diese vollständig bedeckt ist. Dann die Kugel leicht mit Goldfarbe besprühen, dabei etwas Abstand halten. Der Text der Zeitungspapierschnipsel darf gerade noch durchschimmern.

Bast

Material: • Bast
Sprühkleber

Die Kugel ausgiebig mit Kleber besprühen, dann die Baststränge darum wickeln. Es dauert ein paar Tage, bis die Kugel ganz trocken ist und sich nicht mehr klebrig anfühlt.

Warmes Licht

Billige Wassergläser, weißes Löschpapier, eine Schere, Sprühkleber und dünner Draht. Mehr brauchen Sie nicht für diese Stimmungslichter. Stellen Sie sie überall um das Haus oder hängen Sie sie auf. Das ist ein warmer Willkommensgruß für Ihre Gäste.

Aus dem Löschpapier eine Form, die gut um das Glas passt, ausschneiden. Wenn die Gläser, wie hier, nach oben schräg auslaufen, das Papier leicht fächerförmig zuschneiden. Haben Sie einmal ein gut passendes Stück Löschpapier ausgeschnitten, die Umrisse auf festeres Papier übertragen und diese Form als Schablone für weitere Stücke verwenden.
Die Gläser mit Kleber einsprühen und das Löschpapier darum fest drücken. Die Lichter zum Aufstellen sind jetzt fertig, an den Lichtern zum Aufhängen noch eine Schlaufe aus Draht befestigen.

Weihnachtskrippe

Früher waren Weihnachtskrippen fast ausschließlich in katholischen Haushalten zu sehen, aber die Anzahl der Menschen, die sich von der ruhigen Ausstrahlung einer weihnachtlichen Figurengruppe bezaubern lassen, wird immer größer. Im eigenen Land oder bei einem Urlaub im Süden gekauft. Unbeholfen von den Kindern geknetet oder mit endloser Geduld von einem Familienmitglied gebastelt. Eine Neuerwerbung oder ein gehütetes Familienstück. Machen Sie ein Foto von Ihrer Weihnachtskrippe, kleben Sie es hier ein und schreiben Sie hier die Geschichte auf, wie Sie zu der Krippe gekommen sind oder eine andere Anekdote, die damit zusammenhängt.

Kleben Sie hier ein Foto Ihrer Weihnachtskrippe ein.

Die Geschichte unserer Weihnachtskrippe:

Blaue Weihnachten

Weihnachtsschmuck und Tischdekoration in Blau und Weiß. Anders als sonst und doch vertraut.

Über dem Tisch befindet sich eine Konstruktion aus kräftigen Bambusstäben, die mit einer Kette an der Decke befestigt ist. Über die Stäbe wurden großzügig Nobiliszweige drapiert und mit grünem Blumendraht festgebunden. An dem Gestell hängen Kerzenhalter in Blau an schönen Bändern. Achten Sie darauf, dass die Teelichte nicht zu dicht unter dem Tannengrün hängen, denn diese Konstruktion ist feuergefährlich. Am besten ist es, die Zweige mit einem feuerabwehrenden Mittel zu präparieren und zur Sicherheit einen Eimer Wasser bereit zu stellen!

Auf dem Tisch stehen kleine Sträuße aus fest zusammengebundenen Narzissen (Paperwhite) und Väschen mit blauen Anemonen und Purpurbeeren. Mehrere kleine Sträuße auf dem Tisch statt eines großen Weihnachtsgestecks sind nicht nur hübsch anzusehen, sondern Sie können die kleinen Vasen am nächsten Tag auch anders gruppieren, zum Beispiel zu einer schönen Komposition für den Frühstückstisch. Auf diese Weise haben Sie mehr von den Blumen.

WEIHNACHTLICHER KAMINSIMS

Anstatt kleine Weihnachtsbäume zu kaufen, können Sie auch selbst „Bäumchen" aus Feuchtsteckmasse und Tannengrün machen. Stapeln Sie dazu die Feuchtsteckmasse pyramidenförmig, stecken Sie die Zweige überlappend hinein und verzieren Sie die Spitze des Bäumchens mit einem schönen Band. Befestigen Sie dann mit Band die blauweißen Figürchen. Die verschiedenen silberfarbigen Verzierungen auf dem Kamin sind aus sogenanntem „Bauernsilber" hergestellt. Dies ist Glas mit einer dünnen Silberschicht, aus dem früher Vasen, Kerzenhalter und Ziergegenstände gemacht wurden.

Glitzernde Tafel

Perlen, Silberdraht und glänzende Stoffe, in denen sich das Kerzenlicht spiegelt. Ideen, um Ihre Weihnachtstafel zum strahlenden Mittelpunkt zu gestalten.

Set mit Perlenrand

Material: • Seidenstoff mit Lurex, verschiedene Sorten Perlen (im Hobbygeschäft erhältlich), Nylonstickgarn

Ein Stück Stoff von 40 x 74 cm zuschneiden. An den kurzen Seiten einen Saum von 6 cm und an den langen Seiten einen Saum von 2 cm umbügeln. Mit Nylonstickgarn festnähen und mit Perlen nach Wahl verzieren.

Kerzenhalter mit Perlengirlande

Material: • Kerzenhalter, verschiedene Sorten Perlen, Metallfaden

Die Perlen nach einem bestimmten Muster auf den Metallfaden ziehen. Die Kette um den Fuß des Kerzenhalters drapieren. Für jeden Kerzenhalter brauchen Sie ungefähr 50 cm Kette. Tipp: Besprühen Sie die Perlen mit Autolack in einer schönen Farbe.

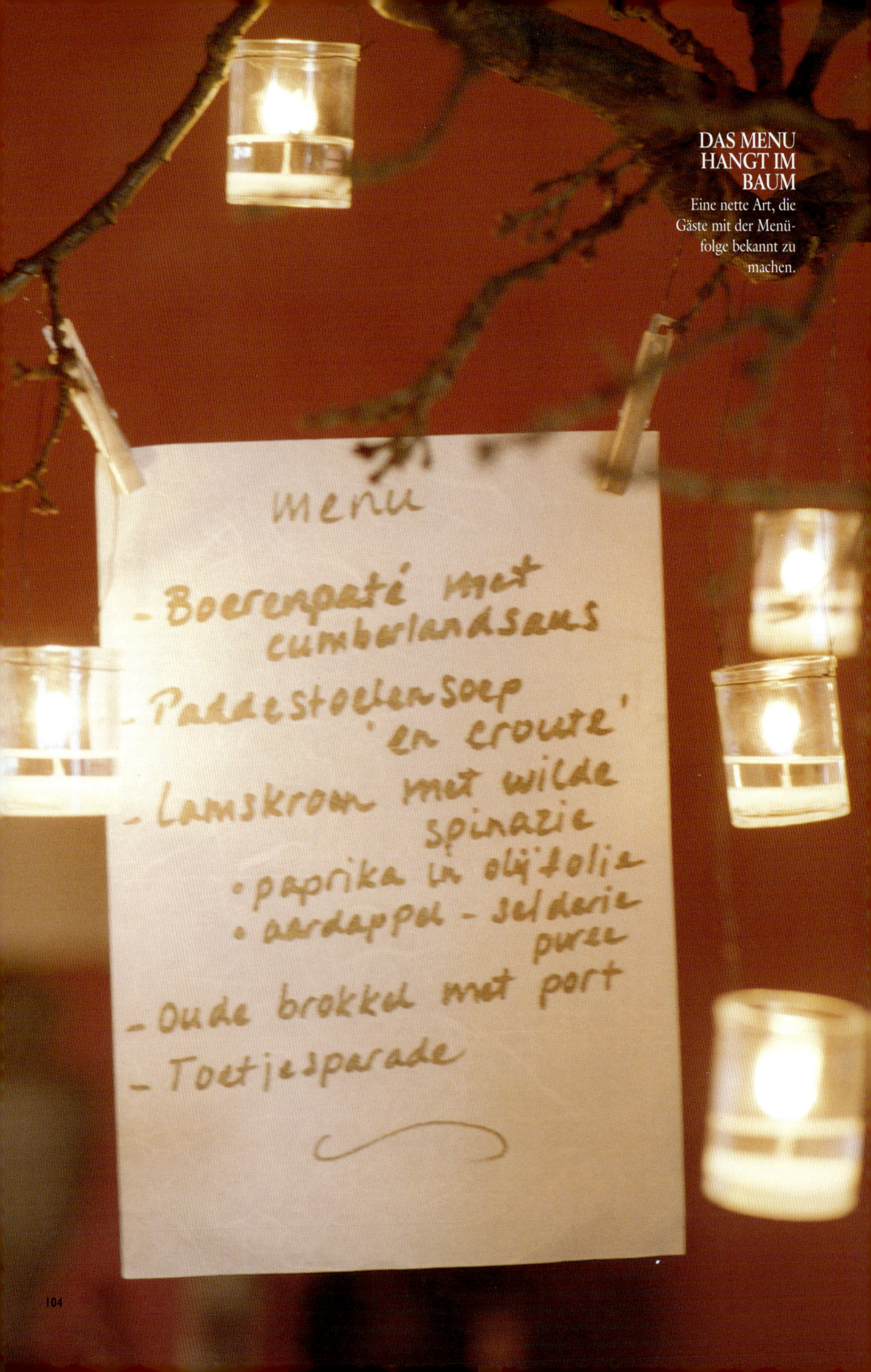

DAS MENU HANGT IM BAUM
Eine nette Art, die Gäste mit der Menüfolge bekannt zu machen.

Natürliche Schlichtheit

Es hängt ganz von Ihrem Geschmack ab: Ein Weihnachtshaus voller Glanz und Glimmer oder mit einfachen, natürlichen Materialien und echten Kerzen dekoriert.

Kerzenhalter aus Kiefernzapfen

Material:

- großer runder Kiefernzapfen
- Zange
- Sekundenkleber
- Metallkerzenhalter mit Spitze (Hobbygeschäft)

Arbeitsanleitung:
Mit der Zange die Spitze des Kiefernzapfens entfernen. Zur besseren Stabilität den Kerzenhalter mit ein paar Tropfen Sekundenkleber befestigen.

Kerzenlichter

Material:

- glatte, sich nach oben erweiternde Förmchen (z. B. Metalleimerchen)
- Kerzenwachs
- Öl oder Seife
- (alter) Topf

Arbeitsanleitung:
Das Wachs im Topf schmelzen lassen. Die Form mit Öl oder Seife einfetten. Das Wachs in die Form gießen und warten, bis die äußere Schicht fest geworden ist. Dann das noch flüssige Wachs im Inneren wieder in den Topf zurück schütten. Dies Schicht für Schicht wiederholen, bis die Wand ungefähr 1 cm dick ist. Die Form mit der Außenseite in heißes Wasser tauchen und das Wachsschälchen herausschlagen. Ein Teelicht in einem Aluminiumförmchen hineinstellen.

Magischer Augenblick

Den magischen Augenblick, wenn der Baum „angezündet" wird, erlebt man viel intensiver mit echten Kerzen. Kaufen Sie rechtzeitig genügend kleine Kerzen.

Gute Vorsätze

(und entdecken Sie die Unterschiede!)

Ein selbst gebasteltes Geschenk für jemanden, den man lieb hat, zum Beispiel zum Valentinstag, ist mindestens so schön wie ein großer Blumenstrauß oder ein teures gekauftes Geschenk. Das Material holen wir aus dem Wald: Rinde von verschiedenen Bäumen, ein heruntergefallener Zweig, Blätter. Geschenke der Natur, die nichts kosten, nur etwas Zeit und Mühe. Und das ist unbezahlbar.

Geschenke aus der Natur

Zum Aufhängen an der Tür

In Amerika werden am Valentinstag kleine Blumensträuße in einem Töpfchen oder Döschen an die Türklinke der Angebeteten gehängt. Wir umwickelten ein altes Glas mit Birkenrinde, die wir mit einer Schnur befestigten. Durch zwei Löcher im oberen Rand der Rinde kann eine Schnur zum Aufhängen gezogen werden.

Namensschildchen aus dem Wald

Ein Namensschildchen aus Birkenrinde macht aus einem schön verpackten Geschenk etwas ganz Besonderes. Wir befestigten die Schnur mit Siegellack. Das Schildchen kann am besten mit Bleistift oder wasserfestem Filzschreiber beschrieben werden. Tinte ist weniger gut geeignet, da sie Flecken gibt.

Rindentöpfchen

Ein kleiner Baumstrunk, mit den ersten Anemonen gefüllt. Hierfür umwickelten wir Glastöpfchen (Blumentöpfe aus Plastik gehen auch) mit Eichenrinde. Mit dünnem Draht stellten wir auf folgende Weise eine Matte her: Zwei Stücke Draht an den Enden zusammen drehen. Zwischen die zwei Drähte ein Stück Rinde klemmen, dann die Drähte wieder zusammen drehen. Das Ganze wiederholen, bis das Stück lang genug ist, um das Töpfchen vollständig zu umwickeln. Hier und da mit etwas Leim befestigen. Die Anemonen ins Töpfchen stellen und das Ganze mit etwas Moos abrunden.

Winter
Notizen

Fest & Essen

Ein unvergessliches Fest

Die Festtage laden dazu ein, leckere Dinge zu backen und zu kochen. Und zum sorgfältigen Vorbereiten eines Buffets, eines reichhaltigen Diners oder von Leckereien für zwischendurch. Und wenn dann alles auf schönen Schalen und Tellern angerichtet ist und die letzte Serviette tadellos gefaltet auf ihrem Platz liegt, greifen Sie zum Fotoapparat.

Haben Sie ein Foto von einem gelungenen Beweis Ihrer Kochkunst?

Kleben Sie es hier ein.

Datum:

(Knabbergebäck)

Gebackene Buchstaben

Wenn Sankt Nikolaus einige Wochen vor Weihnachten Einzug hält, beginnt das Warten. Hoffentlich schlafen die Kinder bald, damit die Schuhe gefüllt werden können. Da ist ein herzhafter Imbiss willkommen!

Zutaten:

Für den Teig:

375 g Blätterteig
1 kleines Ei

Für die Füllung:

50 ml dl Wasser
20 g Butter
25 g Mehl
2 Eier
60 g geschälte Mandeln
400 g Hühnerhackfleisch (ungewürzt)
1 Esslöffel geriebener frischer Ingwer
1 Esslöffel Limonensaft
50 g Rosinen
1 Teelöffel gemahlenes Kardamom
Salz
frisch gemahlener Pfeffer

Zubereitung:

Die Füllung:

Für die Füllung erst einen Brandteig herstellen. Dafür das Wasser mit der Butter in einem geschlossenen Topf zum Kochen bringen: wenn das Wasser kocht, muss die Butter geschmolzen sein. Das Mehl darunter mischen und so lange rühren, bis ein Teigklumpen entsteht, der sich von der Topfwand löst. Den Teigklumpen in eine Schüssel geben. Die Eier verquirlen und nach und nach unter den etwas abgekühlten Teig rühren. Die Mandeln in einer trockenen Pfanne goldbraun rösten und grob hacken. Das Hühnerhackfleisch unter den Brandteig rühren und die Mandeln, den Ingwer, den Limonensaft, die Rosinen, das Kardamom und großzügig Salz und Pfeffer dazu geben. Alles gut vermischen. Einen Löffel von der Füllung in ein Schüsselchen geben und kurz in der Mikrowelle erhitzen, um zu probieren, ob sie ausreichend gewürzt ist. Den Ofen auf 225°C (Gasofen Stand 5) vorheizen. Ein Backblech mit Backpapier belegen.

Der Buchstabe:

Den Blätterteig auf einer mit Mehl bestäubten Arbeitsfläche auf ungefähr 75 x 15 cm ausrollen. Die Füllung über die Mitte des Teigstücks verteilen. Den Teig an einer der Längsseiten und den beiden Enden mit Wasser bestreichen. Die nicht bestrichene Seite locker über die Füllung schlagen, die andere Seite darüber legen und fest andrücken. An beiden Enden den Teig zusammen drücken. Einen Buchstaben formen und diesen mit einem oder zwei Pfannenwendern auf das Backblech legen. Das Ei verquirlen. Den Teig mehrmals mit einem Schaschlikstäbchen einstechen und mit dem Ei bestreichen. Das Backblech in den Ofen schieben, die Temperatur auf 220°C zurückschalten und den Buchstaben in 35 bis 40 Minuten goldbraun backen. Den Buchstaben vom Blech nehmen und etwas abkühlen lassen.

(Suppe als Mahlzeit)

Nikolaussuppe

In einigen Gegenden ist es Tradition, am Nikolausabend Grünkohl zu essen. Wir haben uns dazu eine Variante einfallen lassen: Grünkohlsuppe, in der Ur-Zutaten, nämlich Grünkohl und Kartoffeln, mit exotischen Zutaten wie Knoblauch, Chili und Olivenöl kombiniert werden. Diese Suppe schmeckt am besten, wenn man den Grünkohl vom Strunk abstreift und die Blätter grob schneidet. Junger Grünkohl lässt sich gut mit dem Messer schneiden, bei älterem, oft etwas härterem Kohl kann man die Schere zu Hilfe nehmen.

Zutaten für 4 Personen:
ca. 750 g frischer Grünkohl mit Strunk
(oder 400 g geschnitten)
3 Knoblauchzehen
1 rote Chilischote
750 g mehlig kochende Kartoffeln
1 mittelgroße Zwiebel
150 g Speck in Streifen
250 g Rauchwurst oder geräuchertes Huhn
2 l würzige Bouillon
4 Esslöffel Olivenöl
Salz

Zubereitung:
Den Grünkohl vom Strunk abstreifen und die Blätter in schmale Streifen schneiden. Es müssen ungefähr 400 g Blätter übrig bleiben. Den Knoblauch schälen und fein schneiden, den Stiel der Chilischote abschneiden, nach Geschmack die Körner entfernen und das Fruchtfleisch in Streifen schneiden. Die Kartoffeln schälen und waschen, die Zwiebel schälen und alles grob schneiden. Die Speckstreifen bei mittlerer Hitze knusprig anbraten. Die Rauchwurst ca. 25 Minuten in heißem Wasser pochieren und in Scheiben schneiden (oder das geräucherte Huhn in Streifen). Die Kartoffeln und Zwiebeln in der Bouillon zum Kochen bringen, die Hitze herunter schalten und sie ca. 15 Minuten gar kochen lassen. Das Olivenöl in einer Bratpfanne erhitzen und den Knoblauch und die Chilischote darin 2 Minuten anbraten, Den Grünkohl dazu geben und alles umrühren, bis der Grünkohl etwas zusammengeschrumpft ist. Einen Deckel auf die Pfanne legen und den Grünkohl unter gelegentlichem Rühren 10 Minuten schmoren lassen.
Die Suppe mit einem Pürierstab oder im Mixer glatt pürieren. Den Grünkohl, die Speckstreifen, die Wurst oder das Hühnerfleisch darunter rühren und, wenn nötig, mit Salz abschmecken.

Variante:
Die Suppe kann auch vegetarisch mit Stückchen (Räucher-)Käse anstatt mit Speck und Wurst oder Huhn gegessen werden.

(Zum Naschen)

Wer brav ist...

Typische Nikolausleckereien wie Zuckerplätzchen oder Spekulatius selbst machen ist nicht schwer. Außerdem macht es Spaß, und der Duft bringt Ihr ganzes Haus in Stimmung.

Zuckerplätzchen

Früher wurden Zuckerplätzchen vor allem zur medizinischen Verwendung hergestellt. Sie sollten bei trockener Kehle Abhilfe schaffen und Schleim lösen. Die Plätzchen bestehen zum größten Teil aus Zucker und sind leicht selbst herzustellen.

Nötig:
250 g Zucker
5 Esslöffel Wasser
etwas Butter
5 Teelöffel Kakao oder Pulverkaffee
Backförmchen
Backpapier

Zubereitung:
Den Zucker, das Wasser und ein bisschen Butter in einen Stieltopf mit dickem Boden geben und bei schwacher Hitze unter Rühren zum Kochen bringen. 10 Minuten, nicht länger, einkochen lassen und dabei ständig rühren. Für die Schokolade- oder Mokkaplätzchen pro 50 g Zucker einen Teelöffel Kakao oder Pulverkaffee dazugeben. Ein Blatt Backpapier auf die Anrichte legen, die Backförmchen darauf legen und die warme Masse hinein gießen. Die Förmchen nicht entfernen, bevor die Plätzchen völlig abgekühlt und fest geworden sind.

Spekulatius

Die Geschichte der Spekulatius beginnt im Kloster. Der Name kommt von dem Wort „speculum", das Spiegel bedeutet. In den Klosterbäckereien wurden Kuchen gebacken, deren Teig in einen Holzblock gedrückt wurde, in den eine Abbildung hineingeschnitten war. Diese Abbildung war also als Spiegelbild auf dem Kuchen zu sehen. Die Abbildungen waren nicht nur Verzierung, sie sagten auch etwas über die Zeit aus oder wurden verwendet, um den Menschen einen Spiegel vor zu halten. Eine Figur mit einer Schnapsflasche in der Hand, um vor Alkoholmissbrauch zu warnen, oder eine Sara oder ein Abraham, um einen 50jährigen mit der Nase darauf zu stoßen, dass er älter wird.

Zutaten für 2 Figuren oder ein Backblech Bruch:
200 g Mehl
1/2 Päckchen Backpulver
125 g hellbrauner Farinzucker
1/2 Teelöffel Salz
ca. 1 Teelöffel Spekulatiusgewürz
150 g Butter
ca. 2 Esslöffel Milch
50 g geschälte Mandeln

Zubereitung:
Das Mehl mit dem Backpulver, dem Zucker und dem Salz in eine Schüssel sieben und mit dem Spekulatiusgewürz mischen. Die Butter mit zwei Messern oder mit Knethaken darunter mischen, bis die Mischung wie feine Brotkrumen aussieht, dann schnell mit der Milch zu einem glatten Teigklumpen verkneten. Den Teig in Aluminiumfolie verpackt für eine Stunde in den Kühlschrank legen. Den Ofen auf 150°C (Gasofen Stand 2) vorheizen. Ein Backblech mit Backpapier belegen. Den Teig auf einer mit Mehl bestäubten Arbeitsfläche ungefähr 1 cm dick ausrollen und (für den Bruch) auf das Backblech legen oder Figuren daraus formen. Die Mandeln halbieren und in regelmäßigen Abständen in den Teig drücken. Das Ei verquirlen und den Teig damit bestreichen. Die Spekulatius im Ofen 35 - 45 Minuten backen, bis sie hellbraun und durch sind. Das Blech aus dem Ofen nehmen und die Spekulatius abkühlen lassen. Für den Bruch die Teigplatte in Stücke brechen.

(Vorspeise)

Wiesenchampignons auf Toast
mit Trüffelöl und Rucola

Kochen für Gäste macht am meisten Spaß, wenn Sie dabei die Zeit finden, selbst das Diner genießen zu können. Bei Gerichten, die im Handumdrehen auf dem Tisch stehen, wie diese vegetarische Vorspeise, hat auch der Koch etwas von der Gemütlichkeit eines festlichen Essens.

Zutaten für 4 Personen:

20 geputzte Wiesenchampignons
10 g Butter
1 Schuss Olivenöl
4 Scheiben Ciabatta mit Knoblauch
100 g Rucola
Salz
geriebener Parmesankäse
Saft von 1 Zitrone
Trüffelöl
Prise frisch gemahlener schwarzer Pfeffer

Anstatt der Wiesenchampignons können Sie auch Shii-take oder normale Champignons verwenden. Nehmen Sie am besten gezüchtete Pilze, die intensiv im Geschmack sind, wie zum Beispiel Egerlinge.

Zubereitung:

Die Pilze in der Butter mit einem Schuss Olivenöl sautieren und nach Geschmack würzen. Die Ciabattascheiben in die Mitte der Teller legen und den Rucola darüber verteilen. Fünf Pilze auf jeder Scheibe Brot anrichten, mit Salz bestreuen und mit Zitronensaft und ganz wenig Olivenöl besprenkeln. Etwas geriebenen Parmesankäse darüber streuen und das Ganze mit ein paar Tropfen Trüffelöl und einer Prise frisch gemahlenem schwarzem Pfeffer abrunden.

(Vorspeise)

Weiße Fischsuppe *mit Roten Beeten*

Bereiten Sie die Roten Beeten einen Tag vorher zu. Rechnen Sie ungefähr eine halbe Rübe pro Person. Sie können auch eine größere Menge vorbereiten, um sie später zu verwenden. Rote Rüben sind im Kühlschrank längere Zeit haltbar.

Zutaten für 10 Rüben:
10 kleine Rote Beeten
1 Orange
150 ml Kräuter- oder Weißweinessig
2 Esslöffel Wasser
1 Esslöffel Zucker
1 Esslöffel Gewürze (Rosmarin, Koriander, Dill, Thymian)
1 Teelöffel Nelkenpulver
1/2 Teelöffel zerdrückte schwarze Pfefferkörner

Die Roten Beeten in etwas Wasser gar kochen und schälen. Einen Esslöffel Schale von der Orange abreiben, dann die Frucht auspressen. Den Saft und die Schale mit dem Essig, dem Wasser, dem Zucker und allen Gewürzen zum Kochen bringen. Keinen Aluminiumtopf verwenden, da dieser wegen des Essigs verfärben kann. Die Rüben dazu geben und den Topf vom Herd nehmen. Das Ganze abkühlen und über Nacht ziehen lassen.

Zutaten für die Fischsuppe für 6 Personen:
1 l Fischbouillon
300 g frischer weißer Fisch (Kabeljau, Schollenfilets)
35 g Butter
35 g Mehl
1 Glas trockener Weißwein
1/4 l Crème fraîche oder Schlagsahne
1 fein geschnittene Zwiebel
1 kleine gepresste Knoblauchzehe
Salz
weißer Pfeffer

Zubereitung:
Die Bouillon fast zum Kochen bringen und darin den Fisch ca. 8 Minuten pochieren, bis er gar ist. Die Butter in einem anderen Topf schmelzen lassen, das Mehl darunter rühren und die Mehlschwitze unter Rühren eine Minute köcheln lassen. Unter Rühren die Bouillon dazu geben und das Ganze leise vor sich hin köcheln lassen (minimal 7 Minuten, aber besser noch 20 bis 25 Minuten: Mehl benötigt 5 bis 7 Minuten Kochzeit, um gar zu werden und erst nach weiteren 15 bis 20 Minuten erhält die Suppe oder Sauce einen samtigen Geschmack).
Inzwischen Fisch, Zwiebel, Knoblauch und Crème fraîche in einem Mixer mit dem Weißwein pürieren. Die Mischung zur Bouillon geben und gut erwärmen, aber auf keinen Fall mehr kochen. Mit Salz und Pfeffer abschmecken.
Die Roten Beeten abtropfen lassen und trocken tupfen. Die Suppe mit einem Pürierstab schaumig rühren und auf sechs Teller verteilen. In jeden Teller eine halbe Rübe legen. Beim Servieren den Teller so ruhig wie möglich halten, damit der Saft der Roten Beeten sich nicht mit der Suppe vermischt.

Weihnachten nicht nur mit einem Baum, sondern umgeben von Hunderten von Weihnachtsbäumen feiern. Mit einer Tischdecke aus Moos und Zweigen und einem Weihnachtsdiner mit Zutaten aus dem Wald, über einem Holzfeuer zubereitet. Ein wunderschöner Weihnachtstraum. Drinnen schmeckt es übrigens auch sehr gut.

(Hauptgericht)

Aus dem Wald

Tournedos du Forestier

Dieses Hauptgericht sieht reichhaltig aus und gelingt immer. Und weil das Fleisch nur kurz gebraten werden muss und die Zubereitung der Pilze auch nur fünf Minuten in Anspruch nimmt, haben Sie genug Zeit, um mit den Gästen am Tisch zu sitzen. Da das Fleisch und die Pilze einen sehr intensiven Geschmack haben, braucht es keine zusätzlichen Beilagen.

Zutaten für 4 Personen:

4 Hirschsteaks von ca. 75 g
4 Wildschweinsteaks von ca. 75 g (die Sie zu Tournedos mit einem Streifen durchwachsenem Speck darum zusammen binden)
500 g gemischte Waldpilze
Öl zum Braten
Butter
Küchenpapier

Für die Sauce:

100 ml Kognak
100 ml Portwein
500 ml Wildfond
Prise Salz
Mondamin

Zubereitung:

Den Ofen auf 180°C vorheizen. Die Pilze putzen und die größeren in Streifen schneiden. Die Tournedos mit Salz und Pfeffer bestreuen. Das Öl in einer großen Bratpfanne erhitzen. Das Fleisch an beiden Seiten braun anbraten, in eine vorgewärmte Schale geben und im Ofen noch 12 bis 15 Minuten garen lassen.
Alle Zutaten für die Sauce, bis auf das Mondamin, in einen Topf geben und bei schwacher Hitze auf die Hälfte einkochen lassen. Die Sauce mit etwas in Wasser angerührtem Mondamin binden und warm halten. Das Öl in einer großen Bratpfanne erhitzen und darin die Pilze schnell braun anbraten. Einen großen Holzlöffel oder Pfannenwender dick mit Küchenpapier umwickeln und damit die Pilze vorsichtig umrühren, bis der größte Teil des Öls aufgenommen wurde. Dann bei schwacher Hitze noch ein ordentliches Stück Butter unter die Pilze rühren und sie mit Salz und frisch gemahlenem Pfeffer abschmecken.

(Hauptgericht)

Gebackene Seeteufel-Medaillons *mit Rucola, Avocadocreme und Serranoschinken*

Serranoschinken ist ein besonders zarter Schinken von spanischen Schweinen, der mit Kräutern und Pökelsalz hergestellt wird.

Zutaten für 4 Personen:

Für die Avocadocreme:
1 reife Avocado, in Würfel geschnitten
1 Teelöffel Dijonsenf
3 Esslöffel Crème fraîche
1/2 Knoblauchzehe, fein geschnitten
einige Tropfen Zitronensaft, Salz, frisch gemahlener Pfeffer

Für die Vinaigrette:
2 Esslöffel Sherryessig
3 Esslöffel Maiskeimöl
3 Esslöffel Olivenöl extra vierge
1 Teelöffel Dijonsenf
1 Esslöffel Crème fraîche
2 Esslöffel fein geschnittener Schnittlauch
Salz, frisch gemahlener Pfeffer

Für den Seeteufel:
2 Seeteufelfilets von je 200 g
3 Esslöffel Mehl
2 Teelöffel Currypulver
50 ml Olivenöl
Salz, am besten Fleur de Sel (feines Meersalz)

Für die Garnitur:
200 g gewaschener Rucola ohne Stiele
2 Esslöffel Olivenöl extra vierge
Salz, frisch gemahlener Pfeffer
12 Scheiben dünn geschnittener Serranoschinken

Zubereitung:
Den Ofen auf 180°C vorheizen. Die Avocadowürfel mit dem Senf, der Crème fraîche und dem Knoblauch vermischen, pürieren und mit Zitronensaft, Salz und frisch gemahlenem Pfeffer abschmecken. Für die Vinaigrette den Essig, die Öle, den Senf und die Crème fraîche verrühren und mit Salz und frisch gemahlenem Pfeffer abschmecken. Ganz am Schluss den Schnittlauch zugeben. Curry mit dem Mehl vermischen und die Seeteufelfilets darin wenden. Das Olivenöl in einer beschichteten Pfanne erhitzen und darin die Seeteufelfilets braten. 8 Minuten im vorgeheizten Ofen garen lassen, in 8 Stücke schneiden und mit dem Fleur de Sel bestreuen. Rucola mit dem Olivenöl vermischen und mit Salz und frisch gemahlenem Pfeffer abschmecken.

Servieren
Den angemachten Rucola auf einer Seite der Teller anrichten und den Serranoschinken und die Seeteufelstücke abwechselnd daneben legen. Auf die andere Seite einen Löffel Avocadocreme geben. Die Schnittlauchvinaigrette um den Fisch sprenkeln.

(Hauptgericht)

Agnello arrosto

Eine Lammkeule verleiht einem Essen immer einen festlichen Charakter. Das Fleisch kann auf verschiedene Arten zubereitet werden. Mit Anchovis und Rosmarin, Aprikosen und Thymian, Speck und Salbei oder wie hier mit Rosmarin und Knoblauch.

Zutaten für 8 Personen:
Lammkeule von ca. 2 kg
2 Zweige Rosmarin
4 Knoblauchzehen
Salz und Pfeffer
ca. 300 ml Weißwein
1 kg festkochende Kartoffeln

Zubereitung:
Die Lammkeule an verschiedenen Stellen mit einem spitzen Messer einschneiden und in jeden Schnitt eine halbe Knoblauchzehe stecken. Die Keule salzen, mit Pfeffer bestreuen und in einen Bräter legen. Großzügig Olivenöl über das Fleisch gießen, einen Rosmarinzweig darauf legen und im vorgeheizten Ofen (200°C) eine halbe Stunde rösten lassen. Die Keule aus dem Ofen nehmen und das Bratfett mit dem Weißwein ablöschen. Die Keule zurück legen und eine weitere halbe Stunde schmoren lassen. Dann den Bräter aus dem Ofen nehmen und die gewaschenen und in Viertel geschnittenen Kartoffeln um die Keule legen. Knoblauch, Rosmarin, Salz und Pfeffer dazu geben, alles vermischen und in ungefähr einer halben Stunde gar werden lassen. Die Garzeit hängt von der Größe der Kartoffeln und der Lammkeule ab. Das gebratene Fleisch vor dem Schneiden 10 Minuten ruhen lassen, um zu vermeiden, dass es Saft verliert.
Passt gut dazu: Angebratener Chicoree und blanchierter und angebratener Broccoli mit Knoblauch und ein paar Anchovis.

BRATZEITEN DER LAMMKEULE:
• rosé: 10 Minuten pro 450 g, plus 20 Minuten
• medium: 13 Minuten pro 450 g, plus 20 Minuten
• durchgebraten: 20 Minuten pro 450 g, plus 20 Minuten

(Hauptgericht)

Hasenpfeffer nach einem traditionellen Rezept

Nötig für 4 Personen:
4 Hasenkeulen, enthäutet
100 g Mehl
25 g Zartbitterschokolade
50 g rotes Johannisbeergelee

Für die Marinade:
1 l Rotwein
2 Esslöffel Essig
50 g Lauch, klein geschnitten
50 g Karotten, in Würfeln
50 g Zwiebeln, in Würfeln
50 g Frühstückskuchen, in Würfeln
1 Orange, halbiert
1 Esslöffel Gewürz für Wild im folgenden Verhältnis: zu gleichen Teilen Pfeffer, Lorbeer, Knoblauch, Thymian, Rosmarin und Salbei vermischen mit etwas weniger Nelken und Muskatnuss (Gewürz für Wild können Sie auch fertig kaufen, achten Sie dann darauf, dass es alle genannten Zutaten enthält)

Garnitur in der Sauce:
50 g Silberzwiebeln
150 g Champignons, geviertelt und 1 Minute gekocht
100 g geräucherter Speck, in Würfeln und kurz ausgelassen

Zubereitung:
Die Zutaten für die Marinade mischen und die Keulen darin 48 Stunden marinieren. Die Keulen aus der Marinade nehmen, mit dem Salz und Mehl bestreuen und mit etwas Butter oder Öl in einem Schmortopf anbraten. Die Marinade sieben und mit der Schokolade und dem Gelee zum Fleisch gießen. Die Keulen 3 bis 4 Stunden (abhängig von der Dicke) im geschlossenen Topf bei sehr schwacher Hitze schmoren lassen, bis sie butterweich sind. Sie können zur Kontrolle eine Gabel zwischen Knochen und Fleisch stechen. Das Fleisch muss sich durch Druck vom Knochen lösen, sonst noch etwas weiter schmoren lassen. Die Keulen aus dem Topf nehmen und die Sauce sieben. Die Keulen in eine Schale legen, etwas Sauce darüber gießen und die Garnitur darauf legen. Mit Rotkohl, Apfelmus, Preiselbeerkompott und dem Rest der Sauce servieren.

Pfeffer

Das Wort „Pfeffer" im „Hasenpfeffer" hat nichts mit dem Gewürz zu tun. Es bedeutet in diesem Fall „Ragout aus Wildfleisch".

(Dessert)

Apfelbeignets mit Weinbrandrosineneis

Zutaten für 4 Personen:

Für das Eis:
1/2 l Schlagsahne
1/2 l Milch
2 Vanilleschoten
250 g feiner Kristallzucker
4 Eigelbe
100 g Rosinen in Weinbrand

Für die Zimtkekse:
100 g Mürbeteig
50 g Zimtzucker
1 Eigelb

Für die Sabayon:
6 Eigelbe
5 Esslöffel feiner Kristallzucker
6 Esslöffel Kräuterlikör oder süßer Dessertwein

Für das Apfelkompott:
100 g Rosinen in Weinbrand
200 g Apfel, in Stückchen
100 ml würziger Likör

Für die Beignets:
2 Äpfel
2 Eier
100 g grobes Paniermehl
Erdnussöl
100 g Zimtzucker (90 g feiner Kristallzucker und 10 g Zimt)

Zubereitung:

Für das Eis die Schlagsahne mit der Milch, den aufgschnittenen Vanilleschoten und dem Zucker fast zum Kochen bringen und bei schwacher Hitze eine halbe Stunde ziehen lassen. Die Vanilleschoten herausnehmen. Die Eigelbe verquirlen und unter die Sahnemischung rühren. Das Ganze abkühlen lassen und in der Eismaschine zu Eis verarbeiten. Wenn es noch weich ist, die Weinbrandrosinen darunter mischen und die Maschine noch kurz laufen lassen.

Für die Zimtkekse den Mürbeteig 2 mm dick ausrollen und auf ein mit Backpapier belegtes Backblech legen. Mit dem Eigelb bestreichen und mit Zimtzucker bestreuen. An einem kühlen Ort 20 Minuten ruhen lassen. Den Ofen auf 200°C vorheizen. Das Gebäck in ca. 15 Minuten goldbraun backen und in lange, dünne Streifen schneiden, diese auf einem Kuchengitter etwas abkühlen lassen.

Für die Sabayon die Eigelbe mit dem Zucker in einer feuerfesten Schüssel schaumig schlagen. Die Masse im Wasserbad erwärmen, den Likör dazu geben und schlagen, bis eine schaumige Masse entstanden ist. Die Schüssel aus dem Wasserbad nehmen und weiter schlagen, bis die Sabayon abgekühlt ist, dann in eine andere Schüssel umfüllen.

Für das Apfelkompott die Flüssigkeit der Weinbrandrosinen in einen Topf gießen und fast zum Kochen bringen. Den Topf vom Herd nehmen und die Apfelstückchen darin weich werden lassen. Die Rosinen darunter rühren.

Für die Apfelbeignets die Äpfel schälen und die Gehäuse entfernen. Die Äpfel in schöne Scheiben schneiden. In einem Topf reichlich Öl auf 190°C erhitzen. Die Eier verquirlen und die Apfelscheiben erst darin und dann im Paniermehl wenden. Im Öl goldbraun ausbacken, herausnehmen und im Zimtzucker wenden.

Servieren

In vier große Weingläser eine Portion Apfelkompott und darauf eine Eiskugel geben. Die Sabayon darüber gießen. Durch vier Beignets einen Zimtkeks stecken und den Keks über den Rand des Glases legen.

Schokoladenplätzchen

VZum Teig für die Sandplätzchen 25 g Kakaopulver und eventuell noch etwas geriebene Zartbitterschokolade geben.

Zitronenplätzchen

Zum Teig für die Sandplätzchen 2 Esslöffel Zitronensaft und 1 Esslöffel geriebene Zitronenschale geben.

(zum Naschen)

Plätzchen backen

Sandplätzchen

Sandplätzchen sind einfach zu machen. Verfeinern Sie sie zum Beispiel mit Rosmarin, Ingwer, kleinen Früchten, Nüssen, Schokolade oder Zitrone.

Nötig für 30 bis 40 Stück:

160 g Mehl
120 g Butter
80 g brauner Zucker
1 Prise Salz

Den Ofen auf 175°C vorheizen. Das Mehl, die Butter, den Zucker und das Salz zu einem Teig verkneten und diesen auf einer mit Mehl bestäubten Arbeitsfläche ungefähr 1/2 cm dick ausrollen. Mit Förmchen Figuren ausstechen und diese auf ein eingefettetes oder mit Backpapier belegtes Backblech legen. Die Plätzchen 10 bis 15 Minuten backen.

mary

(Dessert)

Hippen *mit roten Früchten*

Dieses appetitliche Kunstwerk aus roten Früchten und Schlagsahne ist verblüffend einfach zu machen. Ein prächtiger Abschluss eines Festessens.

Nötig für 4 Personen:

3 Esslöffel Butter
65 g Zucker
2 Esslöffel Amaretto
3 Eiweiße
Prise Salz
2 Esslöffel Mehl
Messerspitze Backpulver
125 ml Crème fraîche
150 g Frischkäse (Philadelphia oder Mascarpone)
1 Teelöffel Vanillezucker
500 g frische rote Früchte (Himbeeren, Heidelbeeren, Erdbeeren usw.)
3 Esslöffel Johannisbeergelee
1 1/2 Esslöffel Wasser
roter Fruchtlikör

Zubereitung:

Den Ofen auf 200°C vorheizen. Die Butter und den Zucker schaumig schlagen und den Likör, die verquirlten Eiweiße und das Salz darunter rühren. Das Mehl mit dem Backpulver darunter heben und den Teig eine halbe Stunde stehen lassen. Dann 2 bis 3 Häufchen von dem Teig mit großem Abstand voneinander auf ein eingefettetes (beschichtetes) Backblech geben und mit der Rundung des Löffels zu schönen dünnen Kreisen mit einem Durchmesser von ca. 8 cm ausstreichen. Die Hippen ungefähr 4 Minuten goldbraun backen, aus dem Ofen nehmen und wenn sie noch warm sind, den Rand an einigen Stellen etwas nach oben biegen. Auf dieselbe Weise die übrigen Hippen backen, bis der Teig verarbeitet ist. Die Crème fraîche mit dem Frischkäse und Vanillezucker mischen. Die Früchte waschen und putzen. Das Gelee mit dem Wasser und eventuell etwas Likör erwärmen. Kurz vor dem Servieren die Hippen, die Creme und die Früchte zu Türmchen stapeln und mit einer Schicht Früchte mit Gelee abrunden.

(Dessert)

KÄSEPLATTE

Das Verzehren von Käse nach einer Mahlzeit wirkt wie „ein Besen für den Magen". Es neutralisiert, erleichtert und sorgt dafür, dass das Völlegefühl geringer ist. Außerdem ist es lecker, wenn der Käse von einem guten Glas Portwein begleitet wird.

VACHERIN MONT D'OR MIT APFEL, STAUDENSELLERIE UND NUSSBROT

Zutaten für 4 Personen:

1 Vacherin Mont d'Or von ungefähr 300 g
100 ml Wasser
150 g Zucker
2 Äpfel (Granny Smith)
200 g Staudensellerie, in Scheiben geschnitten
1 Esslöffel Walnussöl
Salz und frisch gemahlener Pfeffer
1 Nussbrötchen

Zubereitung:

Den Vacherin Mont d'Or 8 Stunden vorher aus dem Kühlschrank nehmen, so dass der Käse Raumtemperatur hat, wenn er serviert wird. Den Ofen auf 110°C vorheizen.
Das Wasser zum Kochen bringen und den Zucker darin auflösen. Von einem Apfel 8 hauchdünne Scheiben schneiden (den Rest aufbewahren), diese in den Zuckersirup tauchen, auf Backpapier legen und im vorgeheizten Ofen eine Stunde trocknen lassen. Die Apfelscheiben aus dem Ofen nehmen und sofort ein Schiffchen daraus formen, indem man sie auf einem Rollholz abkühlen lässt. Beim Abkühlen wird der Apfel knusprig.
Aus den übrigen Äpfeln dünne Streifen schneiden. Den Staudensellerie mit dem Walnussöl anmachen und alles mit Salz und frisch gemahlenem Pfeffer abschmecken.

Servieren

Kurz vor dem Servieren in jedes der 8 knusprigen Apfelschiffchen einen Löffel Vacherin Mont d'Or geben und den Staudensellerie und die Apfelstreifen darüber verteilen. Mit dem Nussbrot servieren.

IN PORTWEIN MARINIERTER STILTON MIT FRISCHEN FEIGEN UND TRAUBEN

Zutaten für 4 Personen:

(1 Tag vorher vorbereiten)
1 Stück Stilton
roter Portwein
2 Feigen
rote Weintrauben

Zubereitung:

Den Stilton in 4 kleine Ecken schneiden und im Kühlschrank eine Nacht in Portwein marinieren lassen (die Ecken ab und zu wenden). Den Stilton rechtzeitig aus dem Kühlschrank nehmen, damit er beim Servieren Raumtemperatur hat. Mit geschnittenen Feigen, roten Weintrauben und einem Glas Portwein servieren.

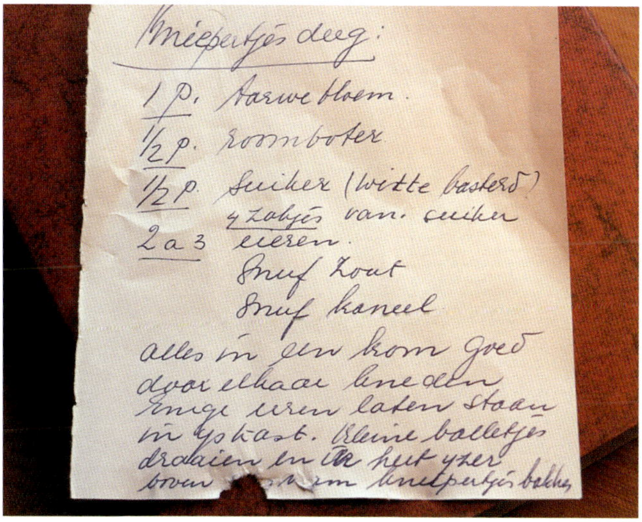

Waffelettes

(Zum Naschen)

Zutaten:

1 Pfund weißes Mehl
1/2 Pfund Butter
2 bis 3 Eier
2 Tütchen Vanillezucker
2 Teelöffel Zimt
1 Messerspitze Salz
extra Küchenzubehör: Waffeleisen und Palettenmesser

Zubereitung:

Alle Zutaten in einer Schüssel zu einem Teig kneten, daraus kleine Kugeln von der Größe einer Murmel formen und im Kühlschrank fest werden lassen.

Inzwischen das Waffeleisen warm werden lassen. Eine Kugel hineinlegen und das Eisen locker schließen. Die Waffeln bei nicht zu starker Hitze in ein paar Minuten an beiden Seiten nicht zu braun backen. Die Waffeln mit der Palette aus dem Eisen auf die Anrichte heben. Nach einigen Minuten sind sie hart.

Sie können die Waffeln auch aufrollen. Wickeln Sie sie sofort, wenn sie aus dem Eisen kommen, um den Stiel eines Kochlöffels. Füllen Sie sie nach dem Abkühlen mit Schlagsahne.

Winterrezepte

Zutaten:

Zubereitung:

Anismilch machen Sie mit heißer Milch und Anispulver. Nach Wunsch kann extra Zucker dazu gegeben worden. Die Milch mit Sternanis garnieren. Schmeckt gut zum Weihnachtsstollen.

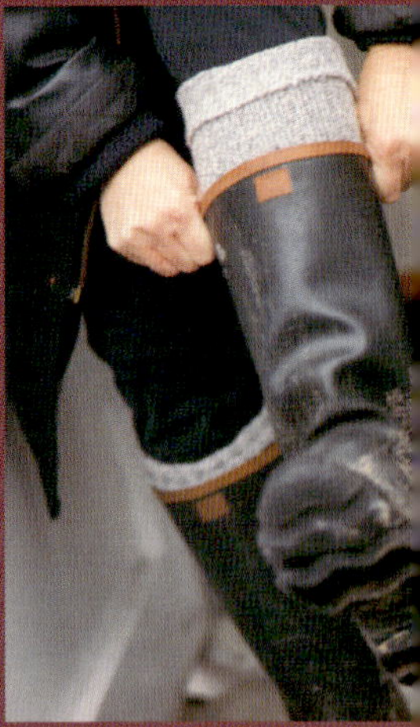

Winterfreuden

Ein unvergesslicher Wintertag

Es gibt Wintertage, die man nicht schnell vergisst. Weil man beim Baumverkauf gerade noch rechtzeitig den letzten prächtigen Weihnachtsbaum gefunden hat. Oder weil man nach einem kalten Waldspaziergang in diesem netten kleinen Waldgasthaus den besten Pfannkuchen aller Zeiten gegessen hat. Oder wegen des überraschenden Kusses des Geliebten unter dem Mistelzweig.

Haben Sie hier ein Foto von so einem denkwürdigen Winteraugenblick?

Kleben Sie es hier ein.

Datum:

Winterarbeiten

Es gibt diese typischen Arbeiten, die zum Winter gehören. Zum Beispiel das Absperren des Außenwasserhahns, denn wenn der Frost Sie überrascht, kann die Leitung einfrieren. Wir heben eine Liste dieser sich regelmäßig wiederholenden Arbeiten zusammengestellt, die von Ihnen ergänzt werden kann.

Drinnen:

- Heizungskessel überprüfen lassen
- Wohnzimmer mit warmen Plaids und Winterkissen einrichten
- Sommerkleidung aufräumen
- Winterkleidung aus dem Schrank holen
- Speicher aufräumen
- Gartenpläne für das nächste Jahr machen

Draußen:

- Kamin kehren
- Winterreifen aufziehen
- Boot an Land holen
- Gartengeräte sauber machen und trocken aufbewahren
- Mediterrane Pflanzen (z. B. Oleander) an einen frostfreien Platz stellen
- Pflanzen zurückschneiden
- Nach Weihnachten den Weihnachtsbaum einpflanzen
- Vogelhäuschen aufstellen
- Außenwasserhahn absperren und entleeren

Empfohlen:
Küssen unter
dem Mistelzweig!

Magische Mistel

Die Mistel gehört zum Dezember. Ein Zweig über der Tür bringt Glück. In England sagt man: „Kiss me under the mistletoe", und wir machen es gerne nach.

In dem Comic „Asterix und Obelix" sieht man den Druiden Miraculix oft mit seiner goldenen Sichel Misteln schneiden - eine unentbehrliche Zutat für den Zaubertrank, der übermenschliche Kräfte verleiht. Aber die Römer verwendeten die Blätter auch, zwar nicht als Zaubertrank, sondern als Heilmittel gegen zahlreiche Leiden, von Epilepsie bis zu Schwangerschaftsproblemen.
Die Mistel nistet sich auf Wirtsbäumen ein und lebt dort als Halbparasit, der sich teils von den Säften dieser Bäume und teils von Zucker aus den eigenen Blättern ernährt. Die Mistel ist eine geheimnisvolle Erscheinung, die zum Leben zu erwachen scheint, wenn die Blätter der Bäume absterben und fallen. Doch das scheint nur so, denn auch im Sommer befindet sie sich in den Bäumen, aber dann ist sie vom dichten Laub verborgen. Wer Misteln mit nach Hause nehmen will, sollte sie beim Gärtner kaufen, da sie inzwischen selten geworden sind. Die Zweige, die zum Kauf angeboten werden, stammen aus Frankreich, England und Osteuropa, wo die Mistel noch in großen Mengen vorkommt.

WEIHNACHTSPOST

Adressen für Weihnachtskarten:

POST
BOX

Der Weihnachtsbaum

Einen Tag vor Weihnachten wurde der Baum ins Haus geholt. So war es früher. Heute ist oft Nikolaus gerade vorbei, wenn der Baum in den Kofferraum geladen wird. Ein „moderner" Baum muss also mehrere Wochen halten.

Um den Weihnachtsbaum länger frisch zu halten, können Sie ihn am besten in einen Behälter mit feuchtem Sand oder Blumenerde stellen. Lassen Sie ihn sich erst im Schuppen oder einem kühlen Teil des Hauses akklimatisieren. Dies gilt für einen Baum mit und ohne Wurzelballen.
Ein Baum, der einmal geschlagen ist, nimmt kein Wasser mehr auf. Es hat also keinen Sinn, ihn in einen Behälter mit Wasser zu stellen. Anders ist es bei einem Baum mit Wurzelballen. Wenn Sie den Boden feucht halten, können Sie den Nadelregen einigermaßen einschränken. Kontrollieren Sie vor dem Kauf des Baumes, ob der Wurzelballen nicht zu klein ist und fühlen Sie vorsichtig an den Nadeln. Wenn die sich sofort loslösen, müssen Sie garantiert viel staubsaugen. Die schönste Fichte (ein Weihnachtsbaum ist meistens keine Tanne, sondern eine Fichte), deren Nadeln am festesten sitzen, ist die Silberfichte, die - wieder ein Missverständnis - nicht unbedingt silberfarbig sein muss. Ein solcher Baum kann problemlos einige Wochen im Haus stehen, ohne dass ständig ein Kreis von Nadeln um ihn herum liegt. Die Serbische Fichte (Picea omorika) hat den silbrigsten Farbton. Eine schöne dunkelgrüne Farbe hat die Nordmanntanne (Abies nordmaniana) und eine blaugrauen Schimmer hat die Blaue Edeltanne (Abies procera Glauca). Sie alle sind schöne Bäume, aber da sie langsam wachsen, kosten sie im Durchschnitt € 50, -.

Nach Weihnachten kann ein Baum mit Wurzelballen in den Garten gepflanzt werden. Auch hier gilt: den Baum erst in einem kühleren Raum wie der Garage an die Temperatur gewöhnen lassen. Mit etwas Glück wächst der Baum an und kann im nächsten Jahr wieder ins Wohnzimmer.

Adressen, die man sich merken will

Sie schneiden sie aus einer Zeitung oder Illustrierten, markieren sie und legen sie irgendwo hin. Aber wenn Sie dann eine gute Adresse suchen, um nach einem Spaziergang oder während eines Wochenendausflugs essen zu gehen, sind sie nirgends mehr zu finden. Sammeln sie die besten Adressen auf diesen Seiten, und Sie ersparen sich viel Sucherei.

Waldgasthaus „De Boerdennen“, Dwingeloo

Eines der schönsten Pfannkuchengasthäuser der Niederlande liegt in Dwingeloo in der Provinz Drente am Waldrand. Mehrere Jahre baute Robert van Kralingen an seinem Traum, einer echten Waldhütte. Holzfußböden, Holzwände, Holztische und -bänke und Holz in den Öfen: das Waldgasthaus ist ein gelungenes Stück Romantik. Das Waldgasthaus liegt am Rand des Nationalparks Dwingerlerveld, man kann also vor (oder nach) der Mahlzeit ausgiebig spazieren gehen.

Waldgasthaus „De Boerdennen“, Robert van Kralingen, Bosrand 18, NL-7991 PA Dwingeloo. Telefon: 0031-521-597396, Fax: 0031-521-597075 und www.bospub.nl

Winteradressen, die man sich merken will:

WEIHNACHTSSHOPPING

Villa Harteneck
Douglasstr. 9, 14193 Berlin
www.villa-harteneck.de
In jedem Jahr findet ab Anfang November der „Adventszauber" statt

Der Hamburger Weihnachtsladen Lager
Minenstr. 11, 20099 Hamburg
www.weihnachtsladen-hamburg.de
Alle Arten von internationalem Weihnachtsschmuck

Hikxington
Bilkerstr. 4-6, 40213 Düsseldorf
www.hikxington.de
Im romantischen Innenhof eines alten Gebäudes präsentieren sich die Objekte der Begierde in weihnachtlicher Atmosphäre

The British Shop
Auf dem Steinbüchel 6, 53340 Meckenheim
www.the-british-shop.de
Spezialisiert auf typische Weihnachtsdekorationen von der Insel. Geschäft und Versandservice

The Hamptons
Bleichstr. 1, 61476 Kronberg
www.hamptons.de
Ausgefallener Weihnachtsschmuck. Internationales Angebot

Merz & Benzing
Dorotheenstr. 4, 70173 Stuttgart
www.merz-benzing.de
Weihnachtsstimmung total. Die schönsten Weihnachtsarrangements
und Accessoires im ersten Stock der alten Markthalle.

House of Christmas
Grubholzer Str. 16-19, 83026 Rosenheim
www.houseofchristmas.de
Riesenauswahl an Weihnachtsschmuck und Geschenkartikeln

Leo's Home & Garden
Spörleinstr. 10, 97616 Bad Neustadt
www.leos-homeandgarden.de
Traditionelles und Originelles, präsentiert in einem stilvollen Altbau.

Winterliche Veranstaltungen

Verkaufsausstellungen

Herbstmarkt
21272 Egestorf
www.egestorf.de

Homes in Winter
Gut Wotersen
21514 Wotersen
www.avg-potsdam.de

Weihnachtsbaumverkauf
Gut Stockseehof
24326 Stocksee
www.stockseehof.de

Weihnachtszauber auf
Schloss Bückeburg
31675 Bückeburg
www.schloss-bueckeburg.de

Adventsmarkt
Schloss Wendlinghausen
32694 Dörentrup
www.schloss-wendlinghausen.de

Advent im Schloss
Schloss Langenburg
74595 Langenburg
www.schlosslangenburg.de

Vorweihnachtliches
Verkaufswochenende
Terra Cottage
Gräfin von Zeppelin
79295 Sulzburg-Laufen
www.graefin-v-zeppelin.com

Weihnachtsmärkte

Alt-Rothenburger Weihnacht
91541 Rothenburg ob der Tauber
www.rothenburg.com

Weihnachtsmarkt Rostock
18055 Rostock
www.rostocker-weihnachtsmarkt.de

Altdeutscher Weihnachtsmarkt
74206 Bad Wimpfen
www.badwimpfen.de

Karneval

Der schrägste „Rosenmontag" im Norden
Faschingsumzug immer Sonnabend vor
Rosenmontag
27777 Ganderkesee
www.ganderkesee.de

Frühlingserwachen

Gartenträume
Anfang Februar geht es los. Die Gartenmesse
ist seit Jahren beliebter Treffpunkt für Gartenliebhaber,
verschiedene Veranstaltungsorte
www.gartentraeume.com

Wintertipps

- Räumen sie den Garten nicht zu rigoros auf, sondern lassen Sie einige verblühte und vertrocknete Stengel stehen. Mit etwas Glück und nicht allzu viel Wind bleiben sie noch lange stehen, und mit einer Schicht Reif und Schnee darauf verleihen sie dem Garten eine schöne Silhouette. Wenn sie am Ende doch umfallen, lassen Sie sie einfach liegen, wenn keine Winterblüher darunter stehen. Das ist angenehm warm für Pflanzen und Tiere und gut für die Humusschicht.

- Lassen Sie Ihren Kamin jedes Jahr kehren. Viele Versicherungen verlangen bei einem Schadensersatzanspruch wegen eines Kaminbrandes eine Wartungsbestätigung von einem Kaminkehrer. Wenn Sie alle drei Wochen eine Partie Buchenholz verheizen, verschmutzt ihr Kamin weniger schnell. Rauch von Buchenholz hat einen „reinigende" Wirkung.

- Ziehen sie bei Frost bei ihrem Auto nicht die Handbremse an, sondern legen Sie den ersten Gang ein. Die Handbremse kann festfrieren.

- Der größte Teil der Körperwärme verlässt den Körper über den Kopf. Mit einer Mütze oder einem Hut kann man Frieren vermeiden.

- Nicht vergessen: Am 14. Februar ist Valentinstag.

- Lassen Sie bereits im Herbst die Winterreifen aufziehen. Auch auf nassen Straßen sind sie nützlich.

- Entfernen Sie von Grünkohlpflanzen immer die untersten losen Blätter. Auf diese Weise kann die Pflanze einen schönen vollen Strunk ausbilden.

- Lassen Sie auch während des Winterurlaubs die Heizung laufen, um zu vermeiden, dass Leitungen und Heizkörper zufrieren. Drehen Sie alle Heizkörper etwas auf und stellen Sie den Thermostat auf mindestens 10º C.

REGISTER

WINTERKÄLTE

WINTERWÄRME

WINTERKÜCHE

WINTERSPASS

WINTERGENUSS

WINTERFREUDEN

Titel der niederländischen Originalausgabe:
SEASONS / Winterkou/warm/kost
First published in 2003 by Seasons

ISBN 90-5855-114-8

Deutsche Ausgabe:

Übersetzung: Petra Scheltinga, Enschede
Satz: Ellmer GmbH, Bad Salzuflen

ISBN 3-512-03276-1

Hauptredaktion:
Aty Luitze
Redaktion und Zusammenstellung:
Chantal Heesakker (Koordination Redaktion), Ymke van Zwol (Zusammenstellung und Text), Anne Lagerwaard Isabella Mooy (Assistenz Redaktion), Fleur Apol (Praktikantin), Arnda Hoogakker, Adrienne van Vulpen (Endredaktion)
Art direction:
Koen van Amersfoort
Gestaltung:
Marjolin Alkema, Jacqueline Brugman
Marketing:
Victorien Redeker
Umschlag:
Serge Anton (Fotografie), Kat de Baerdemaeker (Gestaltung)

Mitarbeit:
Fotografie: Etta van der Aa, Serge Anton, Alexander van Berge, Mirjam Bleeker, Dennis Brandsma, Cyriel Cremers, Sybren Dusseljee, Paul de Graaff, Kees Hageman, Pieter Paul Koster, René Kramer, Louis Lemaire, Eric van Lokven, Jan Luijk, Stuart Mc Intyre (Taverne Agency), Jacques van der Neut, Coco Oltra, Albert Roosenburg, Pia van Spaendonck, Jeroen van der Spek, Ad Swier, Mikkel Vang (Taverne Agency), Luc Wauman, George van de Wijngaard und Paul Wittkämper.
Gestaltung und Rezepte: Kat de Baerdemaeker, Lydia Buwalda, André van Doorn, Désirée van Everdingen, Roeline Faber en Jacqueline Roeleveld, Hennie Franssen, Birgitta Gadellaa, Anne Grichnick, Heinde en van verre, Susanne Houx, Kamer 465, Walter Kelders, Sandra Kissels, Jet Krings, Manfred Meeuwig, Johan Neppelenbroek, Caroline van der Linde, Jankees Roggeveen, Christine Rudolph und Saskia Vervoort.